北沢　栄著

公益法人

―隠された官の聖域―

岩波新書

726

はじめに

いまや海外から「改革できない国」とみられるまでに、自己変革力を喪失した日本の状況はどこから来たのか、という疑問をわたしは持ち続けてきた。九五年暮れから九六年二月にかけてあれほど白熱した議論を呼んだ住専処理事件のあとも、政府・与党は従来と変わらない「密室型決定と不透明な手法」によって「理念なき場当たり政治」を性懲りもなく繰り返した。

結果は、九二年八月の宮沢喜一内閣以来、一一回にわたる事業規模で総額一一八兆円超にも上る景気対策を実施しながら、景気は一度も力強く上向くことはなかった。あとには先進工業国中、最悪となった国と地方の借金漬けの財政が残された。財政資金のばらまきばかり行い、経済・社会の閉塞状況の原因を突きとめて打破する改革が行われなかったためである。

この国の元気のなさは、新事業の「開業数」よりも既存事業の「廃業数」が上回っていること、経営者や経営幹部の自殺が急増して、自殺者が九八年から二年連続で過去最悪の年間三万人を超えるまでになったところに端的に表れている。金融、財政、年金に続き、ここにきてかっては外国から「世界で一番安心して街中を歩ける」と折り紙を付けられた治安にさえ、不安が広がってきた。社会の衰退と荒廃が進んでいるのである。

公益法人が改革の切り口になる、とわたしは考えるようになった。

裁量行政によって設立を許可できる公益法人は、「官」と「民」の間のグレイゾーンにあって、「官」が利権の蜜を吸う「隠れミノ」になりやすい。「公益事業」の建前とは裏腹に、事業内容はろくに公開されないまま、行政代行業務を独占して国や地方自治体から多額の補助金を貪ったり、民業を圧迫したり、監督官庁の天下り先になったりと問題が多い。

しかも、道路公団系の公益法人のように、特殊法人の下請け業務を独占して利益を上げ、出資して子会社をつくって巨大な利権を身内で山分けするケースさえあった。

一方、民間の一般の企業はといえば、全体の七割ほどが相変わらず赤字にあえいでいる。

しかし、公益法人の問題は、KSD事件が起こるまでは、散発的に事件のかたちで表れたものの、すぐに忘れ去られていた。少なくとも政府・与党が、改革の対象としてしっかりと標的に据えて取り組むことはしなかった。

補助金の無駄遣いと官僚の天下り先の頂点にある「特殊法人」の実態は、ジャーナリストらの努力でかなり明らかになってきた。が、広大なすそ野ともいえる「公益法人」のほうは、未だ見通せない薄闇の中にあった。その制度も、組織も、実像も、わかりにくかった。補助金や委託費の流れ、行政との関係、天下り状況の実態はどんなか、一度調べてみる必要があった。

そこで、このテーマを正面から取り上げることとした。

目 次

目　次

I　公益法人問題とは何か

1　いわゆる「特殊法人改革」の経緯とまやかし

ニッポン官僚国家の本丸である中央省庁の改革に先立って、官僚が利権を大規模に栽培する「裏庭」ともいうべき「特殊法人」などの改革が政治の俎上に載ったのは、一九九〇年代に入ってからである。

しかし、結果は、当初、改革の対象に含まれていたはずの認可法人(注1)はいつのまにか対象から外され、村山富市・自社さきがけ連立政権も、意気込んで取り組んだ特殊法人改革を実質的には形ばかり法人数を減らすという「数合わせ」で幕を引いたことは記憶に新しい。そうした中で、公益法人改革はそれ以前も以後も一度も行政改革の対象として正面に据えられず、わずかにその目に余る弊害の是正措置が時の政権によって間歇《かんけつ》的に指導監督強化などの形でとられたにすぎない。

「特殊法人等」の改革を目指した政治が、どうして特殊法人だけの事実上「まやかしの改革」で終わったのか。

そのいきさつを知るには、九三年の政治状況にさかのぼる必要がある。九〇年一〇月に海部俊樹内閣のもとに発足した第三次行政改革推進審議会（行革審）は、九三年一〇月に最終答申を細川護熙首相に手渡して解散する。

事件は、九三年四月の「中間報告」後に起こった。行革審は、中間報告で問題の「特殊法人等」のリスト一覧を公表したあと、廃止や民営化に向けて絞り込もうとしたが、任期切れとなる一〇月までにできなかったのだ。

官僚と特殊法人側が有力族議員を巻き込んで肝心のヒアリングを一斉に拒否したためである。行革審はその設置法に基づきヒアリングを行う法的権限を持っていたのだが、強行せずに引き下がってしまった。

最終答申を提出した第三次行革審の鈴木永二会長は当時、ヒアリング拒否にあって「骨抜きどころか、頭から抜かれた」と述懐している（『朝日新聞』九三年一〇月二八日付）。

また、「日本経済新聞」のインタビューで「（答申の）強いて減点を挙げれば何でしょう」との質問に、鈴木会長は次のように答えている。

「特殊法人の整理統合。大詰めでディスターブ（横ヤリ）が入り、設立の趣旨から見て存在意義の薄れた個別の法人名を答申に列挙できなかったのは残念だ。今後は新しい機関を設け、診断をさらに進めてほしい」（同年一〇月二八日付）。こうして、土壇場での官僚の抵抗で特殊法人の廃止もしくは民営化のリストアップができずに、問題が先送りされたことを公式に認めたのである。「特殊法人等」の改革は「特殊法人改革」に矮小化されたうえ、「頭から抜かれた」わけである。

この最終答申を受けた細川内閣は九四年四月に倒壊、同年六月に発足した村山連立内閣が特殊法人等の改革問題を引き継ぐ。だが、結果は、改革対象を認可法人や公益法人を除外した狭義の特殊法人（当時九二）に限定し、その法人数を統廃合で減らす、としたものの、「業務減らし・職員減らし」には踏み込まずに、実質のない「数合わせ」に終わったのである（注2）。

このあとも批判を受けて政府は九七年にも特殊法人の整理合理化などを決めるが、相変わらず肝心の「業務減らし・職員減らし」は実行していない。

九九年一〇月に日本開発銀行（開銀）と北海道東北開発公庫が統合されて新設された日本政策投資銀行を例にとると、その動機には第三セクターの苫小牧東部開発と、むつ小川原開発への融資焦げ付きで経営が傾いた同開発公庫の開銀による救済色が濃い。

つまり、不良債権の重荷にあえぐ地方の政府系金融機関を財務内容のいい大手政府系金融機関が特殊法人改革の名の下に救済したという構図である。

このように、特殊法人の改革は形ばかりで事実上先送りされ、認可法人や公益法人の改革については九六年に与党行政改革プロジェクトチームの改善提言が出され、同年に「公益法人の設立許可及び指導監督基準」と「公益法人に対する検査等の委託等に関する基準」が閣議決定されるなど前進した面もあったが、実質的には手付かずの放置状態が続いているのである。

2　取り残された公益法人改革

だが、改革の緊急性・重要性からすると、公益法人改革をまず急がなければなるまい。

それは、次の二つの理由による。①公益法人を指す社団法人または財団法人は民法第三四条に基づき設立されるが、設立の許可が主務官庁(もしくは機関委任された都道府県)の広汎な裁量に任されているため、「官」にとって設立が容易、②特殊法人への天下り批判を受け、「官」の天下り先が近年、特殊法人から隠れミノとしてより有効な公益法人へとシフトしてきている——ためである。

公益法人の設立要件がなぜ、「官」による公益法人の乱造を招いたのか。それを知るために、民法第三四条による公益法人を設立するための要件をみてみよう。

一八九六（明治二九）年に公布され、二年後の一八九八年に施行された民法第三四条には「公益法人の設立」について次のように書いてある。

「**第三四条**　祭祀、宗教、慈善、学術、技芸其他公益ニ関スル社団又ハ財団ニシテ営利ヲ目的トセサルモノハ主務官庁ノ許可ヲ得テ之ヲ法人ト為スコトヲ得」

すなわち、次の三つの要件が満たされれば、公益法人を設立できるとされている。

①公益に関する事業を行うこと

②営利を目的としないこと

③主務官庁の許可を得ること

しかし、この条文にはのちに問題が起こりうる萌芽が含まれていた。

それは「公益」の定義がないことである。つまり、設立許可権限を持つ主務官庁が「公益性のある非営利事業である」と判断して認定さえすれば許可できるわけである。肝心の「どういう事業が公益性があるのか」を判定する「公益」の定義はないから、結局、客観的な基準によってでなく、主務官庁の官僚の裁量次第で、「公益事業かどうか」が決まってしまうわけである。

行政から業務を委託されたり、推薦や認定といった「お墨付き」を得ている、いわゆる「行政委託型法人」の場合、一九八三年以降に数が急増している。

理由は、八三年三月に第二次臨時行政調査会(いわゆる土光臨調)が答申した最終報告で、行政事務の簡素化を図る狙いから、試験・検査・検定・登録・講習・資格認定などの行政機能を民間に委譲することを勧める一方、問題の多い特殊法人・認可法人の新設を制限したためだ。結果、「官」の自己増殖衝動が、つくるのに特別の法律がいる特殊法人などから、自分たちの裁量で手軽につくれる公益法人へと怒濤のごとく向かったのである。

行政機能を代行させるための「指定法人」(行政事務の委託、特定の事業や公共事務を行政から指定されて行う公益法人)を例にとると、この傾向が明らかだ。

総務庁の九七年九月発表の指定法人に関する行政監察結果によると、八三年以後の一〇年間はそれ以前の一〇年間に比べ指定件数が年平均二五・四件から三三・六件へと跳ね上がった。しかも官僚OBが常勤役員の四割近くを占める。官僚たちはこの「土光答申」を奇貨に、公益法人の新設に突き進んだのである。

中央官庁ばかりでなく、地方自治体も同様だった。

バブル経済期に都市開発とリゾート開発がブームとなって、以後急増した公共施設の管理を第三セクターに委託するようになるにつれ、施設を管理・運営する都道府県所管の財団法人の数も急増した。「官」の目は八三年以後、ことごとく公益法人の「官益」への活用に向かったのだった。

このような経緯から、公益法人は二万六〇〇〇法人以上を数えるほど乱造されてきた。

公益法人問題とは、しかし、膨大な数の問題にとどまらない。民間の自主的な公益活動とは別に、次のような活動を行っている公益法人が問題なのである。

①行政の需要に結び付いている法人(行政の外郭団体、行政周辺法人)

②特定の業界やグループの共益を追求する法人

③本来なら民間の営利企業の事業として行うべき事業を行っている法人

――このうち国民負担と民業圧迫の観点から一番問題になるのが、①のケースである。

問題は、公益法人に関する権限が主務官庁に与えられている「主務官庁制」により各省庁(もしくは機関委任により各都道府県)が個別に設立許可と指導監督を行っているところに根ざしている。そして、この主務官庁制により次のような構造的な弊害が発生してきた。

第一に、事実上の「見えない政府」が際限なく拡大し、設立に歯止めがかからないことだ。各省庁(および機関委任された各都道府県)は自己の勢力圏を広げるため、公益法人という名の政府の子会社ともいうべき「行政周辺法人」を増やすことに熱中する。結果、「政府の範囲」

が曖昧な形で肥大化し、「大きな政府」となって「官」の既得権とその権益を保護する規制が増えるようになり、民間の活動を抑圧するようになる。

第二に、各省庁がバラバラに設立を許可し監督するため統一性・整合性に欠け、全体を統合的に監督している公的機関もなく、民法に基づく民間法人ゆえに通常は「行政監察」の対象外に置かれる。結果、公益法人の暴走が放置されやすいうえ、その活動状況は全体として情報公開されず、税を負担している国民の側からみて極めて不透明でわかりにくいものになっている。

第三に、官庁の縦割り組織によって設立許可がなされるため、事業活動の範囲も官制に沿って縦割りになる結果、活動分野は限定され、幅広い自主的な公益活動が妨げられる(幅広い公益活動を実施しようとすれば、複数の官庁の「共管」となるため、報告事項などに対し公益法人側の負担は大きくなる)。

このような主務官庁制に根ざす構造問題から、さまざまな形で個別の問題が派生してきた。国民の税金にほかならない国の補助金・委託費の無駄遣いは、最も目につく問題の一つだ。「官」が天下りと利権の温床とする公益法人の増大と活動範囲の広がりは、「見えない政府」の肥大化を意味している。それは、国民の収めた税金の無駄遣い、公益法人の特権化と民間の自由な企業活動への圧迫・経済の自由競争の制限につながる問題でもある。

この「見えない政府」のベールを剝ぎ、「行政周辺法人」の知られざる実態を明らかにすることが本書の目的である。だが、そこに立ち入る前に、公益法人の制度と設立状況の概要についてみてみよう。

3　公益法人の制度と設立状況、指導監督基準

公益法人とは先にみた民法第三四条に基づいて設立される社団法人または財団法人のことだ(民法以外の特別法に基づいて設立される公益を目的とする学校法人や宗教法人、社会福祉法人、医療法人などを広義の公益法人という場合もある)。

総理府の定義によれば、社団法人とは「一定の目的のもとに結合した人の集合体」で、団体としての意思、組織を持ち、社員と別個の社会的存在として団体の名において行動するものに対し、民法の規定によって法人格が与えられたもの。財団法人は、「一定の目的のもとに拠出され、結合されている財産の集まり」で、公益を目的として管理運営されるものに対し、民法の規定によって法人格が与えられたものである。

本書が取り上げる、補助金などの公的資金の無駄遣いにみられる「国民負担」や業務の独占

などにみられる「民業圧迫（競争制限）」の問題に関連して、公益法人に関する制度の中でとりわけ重要な要因となっているのが、設立許可と指導監督権限が主務官庁に与えられている「主務官庁制」である。

主務官庁制　この主務官庁制が公益法人を恣意的に設立させる温床になるほか、天下り先を増やし、天下り法人への監督を甘くずさんなものにさせる。

休眠法人を舞台に国の機関にウランやナトリウムを含む放射性鉱石「モナザイト」を郵送したモナザイト事件や所管官庁の労働省の監督の甘さに便乗する形で同省ＯＢの理事長が引き起こしたＫＳＤ事件のような犯罪の温床にもなってきた。主務官庁制によって日本の公益法人のあるべき姿が大きく歪められたといっても過言ではない。

もう一つ、公益法人を考えるうえで重視しなければならない制度が、公益法人に適用される税制優遇と特殊な公益法人会計基準である。

税制　公益法人に関する税としては、法人税、所得税、消費税、印税などの国税と、住民税、事業税、地方消費税、不動産取得税などの地方税がある。

肝心なポイントは、公益法人は特別の法律で設立された社会福祉法人、学校法人などとともに、法人税法上、法人税は免除され「収益事業」から生じた所得についてのみ課税される。しかもその収益事業にかかわる税率は、普通法人の基本税率三〇％に比べ二二％の軽減税率が適用されることだ。ＫＳＤ事件を引き起こした財団法人「ケーエスデー中小企業経営者福祉事業団」（ＫＳＤ）も、法人税を払っていないことが判明している。

所得税も銀行利子などについて源泉徴収されずに非課税とされるほか、印税は営業に関しない文書は非課税とされるなど消費税とともに優遇されている。

地方税についても同様に住民税は軽減、事業税と施設などに直接使う不動産取得税、固定資産税、特別土地保有税などは非課税とされる。

1996	1997	1998	1999
3,654	3,672	3,691	3,704
3,161	3,171	3,178	3,175
6,815	6,843	6,869	6,879
9,023	9,130	9,196	9,228
10,343	10,396	10,410	10,342
19,366	19,526	19,606	19,570
12,618	12,743	12,827	12,872
13,471	13,532	13,553	13,482
26,089	26,275	26,380	26,354

税金は基本的に、免除もしくは軽減されているわけである。寄付金に対しても主務官庁から公益の増進に著しく寄与しているとみなされ「特定公益増進法人」に認定された公益法人は、寄付者の所得から控除されるなど優遇措置が認められている。

会計基準　公益法人の会計基準が民間の営利企業と大きく異なっているのは、非営利で公益を目

資料1　法人数の推移

		1989	1990	1991	1992	1993	1994	1995
国所管	社団	3,317	3,372	3,442	3,504	3,557	3,583	3,627
	財団	2,967	3,036	3,127	3,187	3,242	3,284	3,295
	合計	6,284	6,408	6,569	6,691	6,799	6,867	6,922
都道府県所管	社団	7,877	8,046	8,238	8,499	8,643	8,771	8,882
	財団	8,758	9,051	9,327	9,658	9,864	10,059	10,215
	合計	16,635	17,097	17,565	18,157	18,507	18,830	19,097
全体	社団	11,186	11,409	11,648	11,946	12,142	12,296	12,451
	財団	11,697	12,056	12,420	12,811	13,072	13,309	13,476
	合計	22,883	23,465	24,068	24,757	25,214	25,605	25,927

注1：国と都道府県との共管法人があるため，国所管と都道府県所管とを足した数は全体数とは一致しない．
　2：各年10月1日現在である．
出所：『平成12年度 公益法人に関する年次報告』

的にしている法人であるためだとされる。公益法人会計基準には、いくつかの特性があるが、次の基準がとりわけ重要だ。

①社団の定款または財団の寄附行為に定められている目的の範囲内において立案された事業計画に沿った予算を作成し、すべての収入と支出をこの収支予算書に基づいて執行すること

②会計帳簿は複式簿記の原則に基づき、計算書類として収支計算書、正味財産増減計算書、貸借対照表、財産目録の作成が求められていること(民間の株式会社の場合は、計算書類は商法により損益計算書、バランスシート、付属明細書の作成が求められている)

――つまり、株式会社の財務資料に比べると非常にわかりにくく、運営の財政的状況を正確に映している、とは到底思えないものだ。

設立状況　総理府の調査によれば、公益法人数は九九年一〇月一日現在、二万六三五四法人に上る。うち社団法人が一万二八七二、財団法人が一万三四八二。うち高度経済成長期に入った一九六六（昭和四一）年以降に設立された法人が、全体の七割強を占める。

公益法人数の推移をみると、年々増加してきたが、九九年になって風向きが変わり、国所管法人、都道府県所管法人合わせて二六法人、〇・一％減少した（資料1）。これは公益法人への世論の批判が高まったことと無関係ではない。行政改革の一環として都道府県における外郭団体の整理・統廃合や休眠法人などの解散が増えたためである。

公益法人は一法人当たりでみると、収入・支出とも平均値で年間八億円足らず、職員数で二一人弱と小さくみえるが、その全体像となると巨大な規模になる。年間収入・支出とも総額で二〇兆円を超え、九九年度国内総生産（ＧＤＰ）規模（名目約四九四兆円）の四％に達する。

職員数は銀行の従業員を上回る約五四万八〇〇〇人で、生命保険とほぼ肩を並べる。奇妙なのは、理事数がやたらと多く、四二万三〇〇〇人近くにも上ることだ（資料2）。

公益法人の設立許可と指導監督の権限は主務官庁に与えられているが、この主務官庁のほか機関委任されている各省庁の地方支分部局の長、都道府県知事、都道府県教育委員会も同様の権限を持ち、これらは公益法人の「所管官庁」と呼ばれる。公益法人全体の七四％が都道府県の所管だ。都道府県所管の公益法人の場合も、まるで国所管法人のクローンのように、問題法

資料2　公益法人の全体像

主要項目	合計値
年間収入額	20兆3,625億円
会費収入額	1兆427億円
財産運用収入額	5,076億円
寄付・補助金等収入額	1兆9,966億円
事業収入額	12兆6,951億円
前期繰越収支差額	2兆8,227億円
資産額	126兆2,218億円
負債額	108兆2,720億円
正味財産額	17兆9,498億円
基本財産額（財団法人のみ存在）	4兆8,329億円
年間支出額	20兆2,297億円
事業費	14兆6,490億円
管理費	1兆8,457億円
次期繰越収支差額	2兆9,549億円
民法上の社員（社団法人のみ存在）	1,756万8,684人
賛助会員等	3,508万7,583会員
理事数	42万2,695人
監事数	5万8,282人
職員数	54万8,426人
評議員数	30万428人

出所：『平成12年度 公益法人に関する年次報告』

人が量産されてきた。

都道府県がどれだけ安易に公益法人の設立に手を貸したか、を示すものに、神奈川県教育委員会が作成した「公益法人設立の手引」(九六年三月発行)がある。

この中にご丁寧にも、既存の任意団体が社団法人を設立する場合の設立趣意書の作成例が盛られている(資料3)。これを読んで○○部分に適当な言葉を記入すれば、形式要件が整うようになっている。「……○○の健全な発展、○○の向上を図るには、○○に関する調査及び研究や○○を行うことが是非とも不可欠です」などと書かれてある。

公益法人を所管官庁別にみると、文部省所管が一八二一法人と群を抜き、次いで通産省の九〇三、運輸省の八四九、大蔵省の七一六、厚生省の五六六、農林水産省の四九一と続く(九九年一〇月一日現在)。所管都道府県別では大阪府の九五六をトップに、東京都の九五五、北海道九二〇の順。

各所管官庁が、過去に自らの裁量で設立を許可した公益法人を現在の公益性の基準に照らして「現在においても公益性があり、公益法人として十分な資格を持つ」と認めた所管法人は全体の八五%にとどまる。残りの一五%は、互助会とか共済会、同窓会、業界団体のような、どうみても公益法人といえない団体とみなされているのである(注3)。

資料3　設立趣意書の作成例

社団法人○○○○会設立趣意書

私たちは、○○年に○○○○会を結成し、任意団体として○○、○○等の事業を行い、○○の発展の一翼を担ってきました。

さて、現在の○○の状況を見ると必ずしも○○が十分に行われているとはいえず、また、○○対策も十分とはいえません。このことは○○の劣悪化につながっていると考えられます。この劣悪化を防ぎ、○○の健全な発展、○○の向上を図るには、○○に関する調査及び研究や○○を行うことが是非とも不可欠です。

そこで私たちは、自らの行ってきた事業の手法を生かして、広く県民を対象に○○及び○○の事業を積極的に展開するとともに、○○に関する調査研究事業を行い、もって神奈川県民の○○の安定と○○の向上に寄与するため、任意団体を発展的に解消して、社団法人○○○○会を設立するものです。

年　　月　　日

神奈川県○○市○○町○丁目○番○号
社(財)団法人　○　○　○　○　会
設立者　○○○○会
会長　○　○　○　○

出所：神奈川県教育委員会

所管官庁が「公益法人として十分な資格を持つ」としているはずの法人の中には、官僚たちが事実上乱造した行政需要に絡む、後述するような「行政周辺法人」が数多く含まれている。このことは、役所がこれまでいかに身勝手な裁量で設立許可を行ってきたかを如実に示す。

指導監督基準　公益法人批判の高まりを受け、政府は九六年九月に従来の指導監督基準を整理・強化して「公益法人の設立許可及び指導監督基準」を定め、閣議決定した。同時に、行政代行的な公益法人の透明化を図るため「公益法人に対する検査等の委託等に関する基準」と、公益法人の実態とこれらの基準の実施状況を明らかにする狙いから毎年度「公益法人に関する年次報告」(公益法人白書)を作成することを決めた(白書は九七年度から作成が始まる)。結果、ようやく国民の前に公益法人の実態と公益法人行政の指導監督のあり方が開示されてゆく。

重要なのは、これらの基準と白書が情報公開を不十分な形とはいえ、公益法人に義務付けたり促したことだ。そのなかで業務と財務に関する基本資料の具体名を明記して「一般の閲覧に供すること」と公開を義務付けたため、公益法人側は資料を外部の目から隠しておく口実を失った(ただし形ばかりで実質を欠いた「情報公開」の実態についてはⅡ3を参照)。

これ以外に重要な指導監督基準のポイントは、天下り規制が不十分ながら盛り込まれたことだ。理事のうち、所管官庁の出身者が占める割合は、(同一の親族、特定の企業の関係者などと並んで)「理事現在数の三分の一以下」とする、としたことで、天下りの乱発に一応の歯止めが掛けられた(ただしこの規制をすり抜けるため、非常勤理事を増員して役員報酬を受ける常勤理事への天下り比率を三分の一以下に抑えている実態についてはⅡ1を参照)。

公益法人白書によれば、九九年一〇月時点で国所管法人の理事のうち国家公務員出身者は六一一二人(理事の四・〇%)、国家公務員出身理事のいる法人数は二四二八法人(法人全体の三五・八%)に上る。都道府県所管の理事を務める都道府県の公務員出身者は、一万四九六〇人(同五・五%)、法人数で五六三一法人(同二八・八%)。

常勤理事に占める国家公務員出身者となると、国所管法人で一六五一人(常勤理事の一八・三%)、法人数では一一二五法人(法人全体の一六・四%)を占める。都道府県所管法人では、常勤理事における都道府県公務員出身者は三三七〇人(同二〇・〇%)、法人数で二六〇四法人(同一三・三%)に上る。国所管法人と都道府県所管法人の双方において、「常勤理事に占める公務員出身者の割合」のほうが、「理事全体に占める公務員出身者の割合」よりも高い。つまり、公務員OBは常勤理事に天下るケースが多い、ということである。

ただし、ここでいう「公務員出身理事・常勤理事」は本省庁課長級以上の経験者や退職後一

○年未満の理事就任者が対象とされ、課長になれなかったノンキャリア官僚ＯＢの理事や理事以外の要職への天下り、役所を退職後一○年以上たって〝渡り鳥〟などとしてやってきた官僚ＯＢはカウントされていないため、天下りの実数はこれらの数字を大きく上回る。

指導監督基準は、同一業界の関係者が理事に占める比率は、「理事現在数の二分の一以下」にすることとした。

お目付け役の監事についても、法人の会計、財産、理事の業務執行状況を監査するため、一人以上、理事を兼ねずに置くこととした（資料4）。

ＫＳＤ事件で会計監査のずさんさが問題になったが、公認会計士の監査を受けている公益法人はわずか八・四％にとどまっている。公認会計士が会計に相談などの形でも関与していない法人は、六八％に上る。

また、常勤理事の報酬と退職金が就任先の公益法人の資産・収支状況や民間の給与水準に比べて「不当に高額に過ぎないものとする」としたことで、その後、多くの法人が過度に高額だった常勤理事の報酬と退職金を下方修正している。それまでは厚生省所管の財団法人「日本医療食協会」の理事長が年間五○○○万円の報酬を受け取ったことが明るみに出て批判を浴びていた。

資料4 「公益法人の設立許可及び指導監督基準」が示した役員等の決まり(1996.9.20閣議決定　97.12.16一部改正)

1.～3.(略)

4. 機関

公益法人の機関は、当該法人の健全かつ継続的な管理運営を可能とするとの観点から、少なくとも次の事項に適合していなければならない。

(1)理事及び理事会

① 理事の定数は、法人の事業規模、事業内容等法人の実態からみて適正な数とし、上限と下限の幅が大きすぎないこと。

② 社団法人の理事は、総会で選任すること。
財団法人の理事は、原則として評議員会で選任すること。

③ 理事の任期は、原則として2年を基準とすること。

④ 理事の任期の満了又は辞任に伴う後任理事の選任については、速やかに行うものとし、後任の理事が選任されるまでの間、なお職務を行う義務があることを定めること。

⑤ 理事のうち、同一の親族(3親等以内の親族及びこの者と特別の関係にある者)、特定の企業の関係者(役員、使用人、大株主等)、所管する官庁の出身者が占める割合は、それぞれ理事現在数の3分の1以下とすること。
　また、同一の業界の関係者が占める割合は、理事現在数の2分の1以下とすること。

⑥ 常勤の理事の報酬及び退職金等は、当該法人の資産及び収支の状況並びに民間の給与水準と比べて不当に高額に過ぎないものとすること。

⑦ 理事会については、理事の多数の意思が適正に反映されるように、その成立要件及び議決要件等を定めること。

(2)監事

① 監事は、法人の会計、財産、理事の業務執行等の状況を監査するために重要な機関であることから、必ず1名以上置くこと。

② 監事は理事を兼ねないこと。(以下略)

しかし他方で、ＫＳＤ事件で逮捕された前理事長は、労働省所管の財団法人「ケーエスデー中小企業経営者福祉事業団」から年間七〇〇〇万円以上、兼任していた別の財団からの理事長報酬を合わせると年間一億円以上の報酬を得ていたことが判明した。労働省の指導監督がなかったも同然だったことが明らかだ。

公益法人白書によれば、総理府の九九年一〇月時点の調査では有給常勤役員の平均年間報酬が二〇〇〇万円以上の公益法人は一三九法人に上っている。

「検査等の委託等に関する基準」では、検査や推薦の基準の明確化などが示された。さらに、国の職員の互助会、共済会が公益法人となっているケースでは、系列企業の株式を一〇〇％保有し、天下り先のファミリー企業にしてきた例もみられた(例えば財団法人「郵政互助会」による郵便局舎建設・改築の受注企業の全額出資設立)が、この「営利企業の株式保有」が原則として禁止された。

このように、指導監督基準などが閣議決定された後は公益法人の濃霧に包まれていた実態はいくらか透明になり、所管官庁からの天下りＯＢの高額報酬が引き下げられるなど改善への道を歩みだした。

とはいえ、それは以前との比較の問題にすぎない。会計基準のわかりにくさをはじめとして、公益法人の改革にはなお遠く、国民に負担を強いる「見えない政府」を依然、形成しつつ、天下りの温床としている実態は変わらない。

注1　認可法人は、特別の法律に基づき数を限定して設立される法人。各種共済組合を除いて三六法人、共済組合を入れると全部で八一法人ある。一方、特殊法人の総数は七七法人(いずれも二〇〇一年三月一日現在)。

旧・総務庁によれば、認可法人については「法律上の定義はない」。これに対し特殊法人は「法律により直接設立される法人または特別の法律により特別の設立行為をもって設立すべきものとされる法人」と定義されている。

特殊法人と認可法人との違いは、設立の経緯にあり、特殊法人が国が設立委員に命じて強制的に設立した法人なのに対し、認可法人のほうは民間が主体となって(例えば日本商工会議所)、国の認可を受け、任意に設立された法人だという。

多くの認可法人が政府の出費を受けて設立され、補助金などの公金を受け取り、役員人事で主務官庁の承認を要する、税制の優遇措置を受けられる、中央省庁からの天下りの温床となっている、などの点で特殊法人との実質的な違いはない(ただし特殊法人の事業内容は総務省が審査するのに対し、認可法人は主務官庁が監督する)。全額政府出資の日銀は認可法人なのに、同じく全額政府出資の日本政策投資銀行は特殊法人、という具合だ。

特殊法人の定義からすれば、日銀は日銀法で設立された特殊法人とみなされてもおかしくないが、実際は認可法人に分類されている。政府の調査によれば、認可法人八四(当時)の役員ポスト二〇七のうち中央省庁出身者が特殊法人の四二%を上回る六四%の一三二人を占めていることが判明した(二〇〇〇年八月一日時点)。

注2 その経緯の詳細については、松原聡著『特殊法人改革』(日本評論社)および『既得権の構造』(PHP新書)を参照。

注3 『平成12年度 公益法人に関する年次報告』四三ページ。

Ⅱ　肥大化する「見えない政府」

1　電波行政がつくった社団法人

インターネットで行政の問題を追及するサイト『行政監視局』に二〇〇〇年七月二〇日、公益法人を告発する次のような投書が掲載された。公益法人の問題を浮かび上がらせた格好の例なので、まずはこの投書の紹介から始めよう。

「昭和六二年の国会において電波法が改正され、郵政大臣が『電波有効利用促進センター』として指定する公益法人に相談等の業務を行わせることにより、電波の利用者の利便の向上と電波の有効利用の促進を図ることになりました。(電波法第一〇二条一七)」と電波産業会の手引きに説明されています。

これだけを見れば何も問題はないように見えますが、問題は相談という名目の手数料にあります。最も高い手数料である周波数選定の場合、地上回線で一区間二五万円、衛星回線は一区間二八万円になっています。一区間とは二地点間のことで、例えば地上の場合、電波がA↓B↓C↓Dという経路で構成される場合は三区間となり、上記手数料も三倍になります。

この周波数選定の作業は一人でやったとしても二時間以内で終わるようなものです。現在はパソコンが計算してくれますから簡単なはずです。どうしてこのような手数料になるのか理解に苦しみます」

投書は、このような相談業務を委託せざるを得ない民間会社は、常識では考えられない法外な手数料を払わなければならなくなる、と訴えていた。

社団法人「電波産業会」と所管官庁の郵政省は、この告発に対しどう応えるか、取材した。電波産業会は「電波利用の一層の飛躍的な発展を図るため」九五年五月に設立され、翌六月には電波法により「電波有効利用促進センター」に指定されている（資料5）。

正確にいえば、同センターの指定を受けるため、前身の財団法人「電波システム開発センター」と放送事業者らがつくる任意法人「放送技術開発協議会」とが合流する形で、電波産業会が新設されている。いわば、旧・郵政省と放送事業者の利益が一致したため、電波利用に関する指導・助言などのニーズの爆発的な高まりを見越してつくられた。

資料5　電波法（一部抜粋）

（電波有効利用促進センター）

第百二条の十七　郵政大臣は、電波の有効かつ適正な利用に寄与することを目的として設立された民法第三十四条の法人であって、次項に規定する義務を適正かつ確実に行うことができると認められるものを、その申請により、電波有効利用促進センター（以下「センター」という。）として指定することができる。

2　センターは次に掲げる業務を行うものとする。

一　混信に関する調査その他の無線局の開設、周波数の指定の変更等に際して必要とされる事項について、照会及び相談に応ずること。

二　電波に関する条約を適切に実施するために行う無線局の周波数の指定の変更に関する事項、電波の能率的な利用に著しく資する施設に関する事項その他の電波の有効かつ適正な利用に寄与する事項について、情報の収集及び提供を行うこと。

三　電波の利用に関する調査及び研究を行うこと。

四　電波の有効かつ適正な利用について啓発活動を行うこと。

五　前各号に掲げる業務に附帯する業務を行うこと。

3　以下略

問題の「照会相談業務」は同法人の事業の三本柱の一つ。総収入の四割近くを占め、収入は年間約五億一四〇〇万円（九八年七月—九九年六月）に上る。それは「通信・放送分野における電波の利用に関するコンサルティング」の一環として位置付けられている。

内容は、同法人の事業案内によれば「無線局免許人などからの照会に応じ、固定マイクロ回線、衛星回線に係る回線設計、既設無線局との混信の計算、使用可能な周波数の検討等の無線回線に係る相談や電波の伝搬障害防止に係る相談に応じる照会相談業務」となっている。

問題の手数料は、会員の中から「高すぎる」との声が出て、九九年七月に一〇—二〇％値下げされた。

にもかかわらず、割高感は否めない。なぜ、こんなに高いのか？ 周波数選定の作業に一体どのくらいの時間がかかるのか？——この疑問に対し電波産業会と郵政省電気通信局側は次のように説明する。

一回線当たりの作業時間は平均三—四時間（のちに、代表的な業務である「使用可能周波数の選定」作業だと約七時間三五分かかる、と訂正が入る）。手数料が高いのは膨大なデータベースのための設備投資、コンピューターのハード、ソフト両面の投資、人件費、件数を想定した手数料設定（九九年で衛星回線を含め約二〇〇〇区間）などを勘案して決められたためだ。件数の多い固定マイクロ波回線を例にとると、九七年七月に同手数料を三〇万円から二五万円に、九九年七月には二二万円に、さらに二〇〇〇年六月から「状況によっては一七万円に値下げしている」という。

だが、数時間で済む作業にこの手数料では、依頼する側のＮＴＴ、ＮＴＴドコモ、日本テレコムといった電気通信業者は納得いかないだろう。

電波産業会が法外な手数料でやってこられたのは、むろん独占事業だからである。郵政省が電波法により、唯一の「電波有効利用促進センター」に指定してきたからだ。郵政省としても、電波行政に絡むだけに「安心できるパートナー」でなければ任せられない、という大義名分もある。

法律上は、電波産業会に同センターの指定を独占させる、とは書いていない。建前では、指定の申請は自由にできる。しかし、指定の経緯や郵政省との緊密さからみて、他の法人が同様の指定を受ける可能性はない。

事実、同センターの指定をほかから申請したケースは、これまでに一件もなかった。初めから可能性のないことがはっきりしているからである。

電波産業会は国から補助金は受けていないが、調査委託費を毎年二─三億円受け取っている。この費用で、通信・放送分野での電波利用に関する需要や技術の動向、今後の新しい電波の利用、海外における電波利用の実態調査を手掛ける。

問題は、この委託費が国民の税金から出されていることと、先の「照会相談業務」のように独占事業をいいことにベラボウな手数料を電気通信事業者や公共業務用マイクロ回線を使う国土交通省、警察庁、海上保安庁、地方自治体、電力会社などに押しつける結果、高い通信費となって結局は「ユーザー負担」にはね返ることだ。

公益法人の法外な手数料が、外国と比べ著しく高い通信費の一因をつくっていることになる。そして、電波産業会が郵政省に申請する手数料の「料金体系」は、これまですべて申請通り認められているという「一体化」ぶりである。

しかも、「電波有効利用促進センター」として、電波産業会は通信・放送分野での電波利用システムを巡る「標準規格」の策定まで行う。

未来の電波ビジネスに直接影響してくる標準化作業だ。まさに「見えない政府」の典型例といえるだろう。こういう絶大な権限をみて、情報提供や便宜を受けようと、電気通信事業者や放送事業者、機器メーカーなど実に三〇〇社以上が電波産業会の会員に加入している。

会費は企業規模により年間六〇万円から最大で六〇〇万円もかかる。この会員制に基づく会費収入は、九九年六月末までの一年間で約三億二〇〇〇万円と、先の「照会相談業務収入」に次ぎ総収入(同期約一三億四四〇〇万円)の二二%を占める。

つまり、電波の利用について特権的な地位にある電波産業会は「照会・相談」に対しては手数料、情報提供については「会費」などの形で徴収しているのである。国が特定の公益法人を事実上独占的な国の協力業者に指定して、「国民負担」につながる料金体系をつくらせる、

――この問題は郵政省も公益法人側も情報開示を行わないために、関係業者以外には知られることなく続いてきたのであった。

そのうえ「会員」の放送事業者の中にはNHKも民放も顔を揃えているのに、郵政省とこの一公益法人がもたらす「深い問題」にマスコミは貝のように沈黙してきた。

電波産業会の役員構成をみると、常勤理事は四人、うち専務理事が元郵政省信越電気通信管理局長、常務理事が元郵政省研究所主任研究員、もう一人の常務理事がNTT出身、理事がNHK出身だ。非常勤の会長に東京電力相談役、副会長にソニー社長。文字通り「半官半民」の経営体制である。郵政省をバックアップする形で民間の大手業者が経営に加わった「翼賛体制」型公益法人といってよい。

非常勤の理事(理事長はいない)、監事には、関係業界トップのそうそうたる顔ぶれが計二三人も加わっている。理事にNHK会長、NTT会長のほか、日本テレビ放送網、日立製作所、松下電器産業、東芝、日本電気、富士通の各社長らも名を連ねる。全職員は八〇人余りだから、非常勤役員ばかりが異常に多い。

だが、こういう体裁を整えることで、事業を推進しやすくしたり、立派な公益活動をやっているとの対外的印象を強められるばかりでない。

「理事のうち所管する官庁の出身者が占める割合は、理事現在数の三分の一以下とすること」と定めている「公益法人の設立許可及び指導監督基準」(九六年九月二〇日閣議決定)に数の上から違反しないで済むのだ。

理由は、この指導監督基準の網をくぐり抜けるには「非常勤理事」を増やせば常勤理事にどれだけ所管官庁から天下りしようと、同基準で定められた「理事数の三分の一以下」の合格ラインをクリアするからだ。

「非常勤理事」はふつう年に一回の定期総会に出るのが義務づけられるくらいで、毎月の給与が支払われないから、ここに天下りしても収入と実権がない。「常勤理事」を天下りで占めるには指導監督基準に違反しないよう「非常勤理事」を大増員して所管官庁からの天下り比率を「三分の一以下」にするのがよい、というわけである。

この指導監督基準の欠陥を突いて、「日本国際教育協会」や「ヒューマンサイエンス振興財団」「空港環境整備協会」といった有力公益法人も、非常勤理事の量産によって、官庁OBの理事比率を法的基準以下に引き下げている。

この電波産業会には、「行政周辺法人」特有の業務の取り組みかたと仕掛けが凝縮されている。

同法人は一九九五年五月に設立されているから、歴史は浅いのにほぼすべての行政に密着した公益法人の、一つの典型的な手法で業務を行っているのである。その手法を列挙すると、以下のようになる。

①法律(電波法)により指定された業務を独占的に扱える(指定法人)。

②「相談業務」という同法人にしか技術的にできない独占業務から法外な手数料収入を得ている。

③国から毎年、技術・利用・海外実態などに関する調査のための委託費を受け取っている。

④業務上得た情報を提供する会員制ビジネスを行い、きわめて高い会費をとっている(最大年間六〇〇万円)。

⑤その地位を利用して通信・放送業界の将来のビジネスの動向を左右する、電波利用システムに関する「標準化作業」まで行っている。

⑥国(郵政省)が特定の公益法人を事実上独占的な国の協力業者に指定して「国民負担」につながる料金体系をつくらせる。

⑦常勤役員の過半に主務官庁のOBが天下る。

——このうち法律が業務の独占的扱いを指定している点は、少なくとも形式上はきちんと合法的に形を整えているわけで、法律がどう運用されているかという運用上の問題が問われることになる。なかには法的根拠なく、行政から業務の扱いを事実上独占的に任されている公益法人もある。

他方、この電波産業会の問題で特異に思われることは、こうした公益法人の業務のあり方が国際的に高い日本の通信コストの一因ともなっているのに、マスコミに一切報道されないことである。「電波」ゆえに、マスコミも今後の業務展開に差し障りがあるとみて黙っているのだろうか。

ともあれ、電波産業会は郵政省にとって関係する公益法人二一九のうちの一つにすぎない。電波産業会は「見えない郵政省」のごく一部にすぎないわけである。

2 問題公益法人を類型化する

こうしたケースにみられる「見えない政府」は、現行の法的根拠に基づく限り、増殖をやめそうにない。

いまや肥大化した「見えない政府」の諸形態は、次のように**一〇通りに類型化**できる。公益法人の設立許可などに関する権限を主務官庁から委任されている都道府県も、公益法人との関係は国と同様であり、都道府県が所管する公益法人にも同じ類型化が当てはまる。

①国(一般会計、特別会計)から多額の補助金・委託費の交付を受け、それらを大学や研究機関などに再交付したり(いわゆるトンネル法人)、補助金・委託費で自らの収入の大部分を賄っている(いわゆる丸抱え法人)――→〔問題の性質〕　いわゆる補助金で食っている法人で、補助金などの無駄遣い。公益法人の介在によるコスト高。天下りOBを養うため補助金の交付がやまない。公益法人のまるごと行政依存と運営の非効率化

②国の事務・実務を法的根拠によらずに独占事業の形で補助・補完している――→競争が働かずに高コストになっている。民間企業の競争参入を妨げている。多額の人件費・管理費の負担を国に求めやすい

③各省庁の事務に関連してそのシンクタンクとなり、調査・研究活動を通じて本省を外部から補佐している――→本来なら各省庁の企画部門などが直接行うべき調査・研究を定員の関係で外部委託している――→事実上、官庁のスポークスマンであるシンクタンクの調査委託費を国民が負担。関係業界に対して多額の寄付や会費を求めやすい

④特殊法人の事務・実務を補助・補完する──→中央省庁の事業部門ともいえる特殊法人を支える業務に多額の補助金を使う。官業が特殊法人と公益法人による二重構造となり、コスト高となる。特殊法人本体の赤字にもかかわらず関係公益法人は黒字となっている

⑤特殊法人が設けた保養所などの施設の管理・運営を行う──→民業圧迫の恐れ。特殊法人は赤字で多額の補助金交付を受けているのに、特殊法人への借料の支払いはなく、国民の負担につながる

⑥国家資格の試験や講習に関する事務を国から指定を受けて実施する──→全国に一つといった独占業務になる結果、コスト高となり、運営状況も不透明。いわゆる「儲けすぎ」になりがち。法人の存在自体が不必要となった国家資格なるものを温存する可能性と国家資格による競争参入阻害の恐れ

⑦国が定めた基準に適合しているかどうかの検査、検定などを国から指定を受けるなどして行う──→競争阻害されているため、検査を受ける側にとって負担が大きいコスト高になっている。特定の公益法人の独占的な業務になっているケースが多く、検査に伴う伝統的な規制から受ける側の負担を増す

⑧公益法人の付与する資格を国が認定する(お墨付きを与える)──→法的根拠がなく、告示を根

拠に認定するなど国の関与のあり方に問題。独占的で排他的な資格になりがち
⑨**国の職員の互助会、共済会が公益法人となっている**――→所管官庁職員が設立した相互扶助などのための団体であり、元来、公益法人として適当でない。所管官庁ＯＢが理事の大部分を占め、子会社の株式所有などに問題があった
⑩上記以外の、**行政により委託された特権型事業**――→独占的利益。民間参入を規制。民業圧迫

このように、行政絡みの公益法人はその性質上、おおむね一〇のカテゴリーに分けることができる。

総務庁の初の実態調査所見

総務庁は公益法人批判の高まりを受け、九六年八月から一一月にかけ公益法人のうち行政代行的な機能を担ういわゆる「指定法人」の実態調査に入っている。

調査対象となったのは、主務官庁もしくは都道府県から行政委託事業の指定を受けたり、行政から推薦を受けている七二〇の指定法人とその主務官庁。

指定法人の全体像をつかむため、特殊法人の監察当局である総務庁が初めて調査に乗り出し

たのだ。公益法人の天下り状況や事業運営、情報公開が曲がりなりにも改善されるのは、「公益法人の設立許可及び指導監督基準」が閣議決定された九六年九月以降だから、この時の総務庁調査結果は指導監督基準以前の野放しにされた公益法人の実像の一端を明らかにしたといえる。

この調査の結果、①委託された事業を全然やっていない、②制度的に不必要になったのに委託指定事業として残っている、③委託された事業を他の公益法人に〝丸投げ〟して儲けた、④「認定」の推薦事業を利用して会員をふやし利益を図った、⑤委託された助成金の交付を特定の団体に優先的に決めていた、などの実態が浮かび上がった。このうち目立った問題ケースを紹介しておこう。

［要らなくなったのに指定事業として放置――→厚生省の不作為］　厚生省は早くから食品衛生法一四条に基づき日本食品衛生協会、北海道薬剤師会公衆衛生検査センター、宮城県公衆衛生協会、香川県薬剤師会など二一法人を指定し、食品業者が販売しようとする「かんすい」と「タール色素製剤」の検査を委託した。

ところが事業者による品質管理向上の実績もあり、八五年に政府・与党対外経済対策推進本部が決めた「市場アクセス改善のためのアクションプログラムの骨格」により、「政府認証」から「自己認証」に移行することとされた。これを受けて八七年に食品衛生法が改正され、同二品目は検査対象から除外された。

実施すべき指定事業がなくなったにもかかわらず、厚生省は指定事業を廃止せず、二一法人が指定されたまま残っていた。

［委託事業の〝丸投げ〟――農水省の監督怠慢］　農水省は指定法人に社団法人「全日本マカロニ協会」を選び、マカロニの格付事務を委託してきた。ところが同協会は格付検査を行うために必要な設備や資格を持った職員を確保していなかったため、九五年度指定事業費の九割以上を他の公益法人に委託する一方、事業収入の五割近くを手に入れていた。

農水省は給食サービス管理士の資格審査・証明の推薦事業でも同様な事例を見逃していた。

［「認定」の推薦事業を利用して賛助会員をふやし、収入増を図った――警察庁の監督怠慢］国家公安委員会がタイヤ滑り止め装置の認定の事業を推薦し、実施法人に選んだ財団法人「日本自動車交通安全用品協会」は、認定マークを同協会の賛助会員のみに販売するようにした。

そうすることで、認定を受けようとする者は同協会の賛助会員にならざるを得ない仕組みになり、現実に認定を受けた者すべてが賛助会員になっている(ただし、山田崇・同協会事務局長(当時)は筆者の取材に対し「会員の二六社はあくまで自発的に協会の趣旨に賛成して賛助会員になったもの。総務庁は専務(理事)の説明を誤解した」と反論した。この総務庁の立ち入り調査のあと、検討していた一個六〇円の認定マークを非賛助会員には二〇円上乗せする案は立ち消えになったという。ちなみに同協会の理事長は警察OB)。似たようなことを、郵政省所管の船舶無線整備士の資格付与の推薦事業実施法人も行っていた。資格付与を会員のみに限定していたのだ。

［指定事業である助成金の交付を特定の団体に優先的に決めていた――→厚生省の監督怠慢］

厚生省は福祉用具の研究開発に対する助成事業を財団法人「テクノエイド協会」に委託しているが、同協会は毎年、同じ厚生省所管で仲間内の関係にある社団法人「シルバーサービス振興会」に助成金を優先的に交付してきた。それも、九五年度の助成金交付状況でみると、同振興会に対しては正規の交付手続きを踏まずに、民間企業より先に交付決定している。

さらにテクノエイド協会は作成した研究開発事業報告書の中で、民間企業の研究開発と区別して「シルバーサービス振興会事業」と特別扱いしている。同協会は厚生省官僚の「植民地型」の天下り先で、調査当時理事一八人中一一人までを厚生OBが占めていたから、厚生省出身者が実行主体といえる。

――委託・推薦事業については以上の通り、かなりデタラメに行われてきた。となると、補助金も果たして適切に運用されているのか、との疑念が当然生じる。

その後、後述するように、実質的な体質改善を進めた公益法人はむしろ少数派と思われる。

3 「情報公開」は形だけ

財団法人「ケーエスデー中小企業経営者福祉事業団」(KSD)の前理事長、古関忠男被告らによるKSD事件は、財団を隠れミノに政官界に働きかけて事業を広げ、私腹を肥やしていった実態を浮かび上がらせた。事件は次の諸要因が絡んで、前理事長の「公益法人を利用した典型的な犯罪」に発展したものだ。

KSD事件が意味するもの

①「公益性」を看板に、監督官庁の労働省をはじめ七省庁から天下りを受け入れ、盛んな政官界工作を繰り広げた──→公益法人の信用を悪用。労働省を手玉

②関連財団法人をほかに三つもつくり、事業基盤を広げつつ、関連財団法人が手掛ける「ものつくり大学」の設立準備資金や政界工作資金を支出させる一方、理事長自ら別の財団の理事長収入と合わせ一億円以上の年収を手にした──→公益法人を足場に事業を拡張して私物化

③ＫＳＤが設立した任意団体「ＫＳＤ豊明会」、関連の政治団体「豊明会中小企業政治連盟」を迂回させて自民党に献金したり、後援している議員候補を自民党参院選比例区で上位当選させるため、党費を肩代わりしてＫＳＤ豊明会の名簿を本人に無断で使って党員を大幅に増やし、当選させた。同時に、自民党の国会議員にわいろを渡したり利益供与を行い、事業展開に有利になるような国会質問をさせた──→労働省の監督権限が及ばない任意団体を使った違法な政界工作

④同財団は、事件が表面化した二〇〇一年一月まで理事・監事の選任機関兼諮問機関である評議員会を設置していなかった(指導監督基準違反)が、労働省はこれを見逃していた──→監視・監督の機能不全

⑤自民党の国会議員の多くが、公益法人に理事として関与しているため、公益法人に対しては

仲間意識があり、暴走に対して黙認しがち。改革にも消極的（公益法人白書によれば、国所管の公益法人の理事を務める現職国会議員は九九年一〇月一日現在、延べ四八一人にも上る）→監視体制の劣化。公益法人の犯罪が放置されやすい土壌

――つまり、事件は閉ざされた「官の聖域」で、理事長が暴走した結果、起こるべくして起こったのである（本稿執筆時点で小山孝雄・前参議院議員が国会質問に続き労働政務次官の職務にからんで受託収賄容疑で二度目の逮捕をされたのに続き、労働大臣を務めた村上正邦・前自民党参院議員会長も受託収賄の疑いで逮捕された。KSD側から事務所家賃と現金計七二八〇万円のわいろを受け取ったと認定されたのである。だが、事件の核心は、もっと深いところにあるのではないか。労働省が補助金を大幅増額し、村上元労相と亀井静香・自民党政調会長がこの補助金増額に関与したと報道され、KSD側から一五〇〇万円を提供された額賀福太郎・前経済財政担当相が首相の側近だった官房副長官当時、小渕恵三前首相が二〇〇〇年一月の施政方針演説で異例にもその意義に言及した「ものつくり大学」が疑惑の焦点と思われる）。

KSD側は、自民党議員に対しさまざまな方法で利益供与している。それらは表献金、わいろ以外に「党費立て替え」「パーティ券購入」「陣中見舞い」「職員・秘書給与の肩代わり」「国会質問の見返り」「歌謡ショーの招待券」「選挙資金」「署名運動」「署名協力」「架空の党員集

め」「事務所家賃の肩代わり」などと、悪知恵を巡らしている。

事件の根本原因は、経営の実態が民間の上場株式会社と違って、外部の目から隠されているところにあった。財団がどういう事業を行い、どういう結果を出しているか、財務状態はどんなか、という経営情報が公開されず、内部のチェック機能はマヒしていた。

監督官庁であるはずの労働省は、自ら〝ＫＳＤ汚染〟に手を貸していた。新聞報道によれば、ＫＳＤに二人、そのほかのＫＳＤ関連法人・企業に延べ八人が労働省から天下り、ＫＳＤグループ全体で七省庁から延べ一四人が役員として天下っている（注1）。監督するどころか、天下りを続けて、事実上ＫＳＤを支援していた。労働省は所管公益法人への立ち入り検査の実施状況をみても、九八年度時点で四・〇％とそれまでの三年間で各省庁中最も低く（注2）、監督指導の熱意を疑われてもおかしくなかった。

こうした状況下で、ＫＳＤ理事長は公益法人という「隠れミノ」を被って、まるで無人の野を走るように「私益」を追いかけ、事件を引き起こしたのである。

公益法人による任意団体を使った政界への献金は他にもみられる。例えば各都道府県にある公益法人の医師会や歯科医師会は、参院選などで保守系候補を資金面から応援するため会員から会費として徴収し、これをそれぞれ「医師連盟」「歯科医師連盟」なる任意団体を通じて献金している。

公益法人の名簿も実質「非公開」

政府は九六年九月に閣議決定した「公益法人の設立許可及び指導監督基準」の中で、「情報公開」の必要性を認め、次のように明記している。

(1)公益法人は、次の業務及び財務等に関する資料を主たる事務所に備えて置き、原則として、一般の閲覧に供すること。

①定款又は寄附行為(筆者注――社団法人の「定款」に相当する、財団法人の事業の目的、組織、業務に関する基本規則)
②役員名簿
③(社団法人の場合)社員名簿
④事業報告書
⑤収支計算書
⑥正味財産増減計算書

⑦貸借対照表
⑧財産目録
⑨事業計画書
⑩収支予算書

(2)所管官庁においては、(1)に規定する資料を備えて置き、これらについて閲覧の請求があった場合には、原則として、これを閲覧させるものとする。

公益法人白書によれば、この指導監督基準に基づき、九八事業年度から事業報告書などの情報公開が実施されているという。そして、国所管の公益法人の場合、平均九割以上が「一般の閲覧に供している」と記してある。

だが、実態はどうなのか。まず筆者の現場体験からいうと、こうした事業報告書などの開示を含む取材依頼に対し、理事の指示で一切の回答を拒否したケース(財団法人「内外学生センター」〈旧「学徒援護会」〉)がある。こういう法人は、一般の人が事業内容を知りたいから事業報告書を見せてほしい、と頼んでも承諾しないだろう。

第二に、渋りに渋った末に取材に応じたが、事業報告書や収支計算書などのコピーを拒否したケース（財団法人「水資源協会」）。

このほか財団法人の「日本規格協会」「日本英語検定センター」「日本情報処理開発協会」「郵政互助会」「防衛弘済会」「郵政弘済会」などは、取材にはすんなり応じ、情報開示義務書類の「閲覧」は認めたもののコピー依頼ははねつけた。限られた取材時間内に収支計算書などの数字を転写・分析するのは容易でない。

水資源協会の場合、先方の常務理事と総務部長は（指導監督基準が示した）開示ルールに従い関係書類をみせてほしいと要求したところ、書類はみせてくれたが、コピーはルールにないからと認めなかった。そのときの総務部長とのやりとりを再現すると――。

（筆者）財団の設立の際、公益法人などからの出捐《しゅつえん》（出資）があったというが、どういう法人がいくら出したのか。

――いえない。

（筆者）いえない理由は何か。

――これを以前にも聞かれたが、申し上げられない、と答えて済んでいる。

（事業報告書などのコピーを筆者が依頼したのに対し）
——閲覧はしてもいいがコピーはダメ。開示ルールの範囲でしかやれない。

日本規格協会の場合は、役員名簿は開示したものの、天下り官僚OBの最終役職名などは明かさなかった。

第三に、取材には口頭で応じたものの書類は見せないケース（財団法人「勤労者福祉施設協会」）。

勤労者福祉施設協会は、特殊法人の旧・雇用促進事業団（現在の雇用・能力開発機構）から勤労者福祉施設の管理・運営を委託されてきた財団だが、「証拠に残るものは一切渡せない」というわけである。事実上の「閲覧拒否」だが、「自分の一存では（情報公開していいかどうか）決めかねる」（総務課長）というのが表向きの理由だ。この場合、そもそも指導監督基準を遵守するという姿勢に欠ける（数日後、事業報告書だけ送付してきた）。

第四に、情報公開している資料自体がデタラメもしくは事実を歪めているケース。もちろん当事者はデタラメな資料を公表している意識などなく、きちんとした資料を作成して情報開示しているつもりだ。

このケースに該当するのが、財団法人「公庫住宅融資保証協会」。特殊法人である住宅金融公庫、年金福祉事業団、沖縄振興開発金融公庫が行う政策的な住宅融資を推進するために七二年に設立された公益法人だ。特殊法人の補完事業を行う裏方の存在である。

その二〇〇〇年三月期決算資料の一つ、「正味財産増減計画書」(資料6)がインチキ間違いなし、なのだ。理由は、一年間の正味財産の増減がぴったり同額でゼロになっているからである。

同財団は、前年の決算でも増減額をゼロにしている。こんなことはあり得ない。公益法人の要件の一つに「営利を目的としない」(民法三四条)とあることに配慮したせいか、引当金や準備金を操作して正味財産が年間を通じて増えも減りもしなかったように細工してあるのだ。民間企業の決算案ならば、株主総会で承認されるはずがない。この種の資料も、立派に監督官庁(旧・大蔵省と建設省)から「情報公開扱い」されているのである。

(円)

金　額
2,451,845,239
63,193,142
369,245,457
42,878,132
142,207,480
125,348,525
23,678,270
23,210,269
78,878,318
53,104,348
70,823,387
282,240,834
2,461,146
16,330,773
32,274,345
0
622,435,570
83,808,388,696
347,586,671
6,143,921
83,454,658,104
59,823,779,029
79,225,042
10,041,356,334
45,817,952,932
3,885,244,721
428,425,300,433
0
4,500,000,000
4,500,000,000

資料6　正味財産増減計算書(1999. 4. 1〜2000. 3. 31 まで)

科　　目	金　　額
I 増加原因の部	
1 基本財産運用収入	33,300,000
基本財産利息収入	33,300,000
2 事業収入	385,702,327,315
保証事業収入	72,528,527,861
団信事業収入	313,173,799,454
3 雑 収 入	24,179,934,490
受取利息	23,403,996,391
雑 収 入	775,938,099
4 とりくずし額	18,509,738,628
退職給与引当金とりくずし	63,193,142
保証契約責任準備金とりくずし	18,446,545,486
合　　計	428,425,300,433
II 減少原因の部	
1 事 業 費	280,243,856,536
事業推進費	218,839,523
調査研究費	26,459,780
啓蒙啓発費	17,016,610
システム開発費	1,298,136,702
事務機械処理費	2,198,791,281
保証業務委託手数料	506,312,746
求償手数料	1,470,976,229
臨時業務手数料	128,788,409
団信業務委託手数料	1,334,973,692
郵便振替料	102,314,663
支払保険料	136,369,710,848
団信弁済金	134,759,505,792
債権管理費	1,812,886,935
損害賠償金	143,325
2 管 理 費	4,549,276,173
役員報酬	149,120,938

科　　目
給料手当
退 職 金
福利厚生費
会 議 費
旅費交通費
通信運搬費
消耗什器備品費
消耗品費
修 繕 費
印刷製本費
光熱水料費
賃 借 料
火災保険料
諸 謝 金
租税公課
支払利息
雑　　費
3 減価償却費
建物減価償却額
什器備品減価償却額
求償権償却額
4 繰 入 額
退職給与引当金繰入額
求償権償却引当金繰入額
団信契約責任準備金繰入額
未経過特約料繰入金
合　　計
当期正味財産増加額(減少額)
前期繰越正味財産額
期末正味財産合計額

出所：公庫住宅融資保証協会

だが、公益法人の情報公開度を測る〝極め付き〟は、全国の公益法人名簿であろう。九九年一〇月現在、国所管、都道府県所管を合わせて二万六〇〇〇以上ある公益法人の名簿すら、インターネットなどで誰でも知ることができるようなディスクロージャーがなされていないのである。

つまり、税制を優遇され、国民の税金を財源とする補助金などを交付されている公益法人を探そうにも、国民はそのリストさえ、簡単に得られない。

リストを手に入れる方法は、「公益法人協会」なる財団法人が刊行している「全国公益法人名鑑」という本を購入するか、これを備えた公共図書館に行くしかない。しかも、この本は一冊九〇〇〇円(平成一二年版)もするから、なかなか買えないうえに一般の書店には置いていない。

寄付を行った場合、寄付金控除の適用を特別に受けられる特定公益増進法人に、どんな法人があるのか、を知ろうとする時も、同様に「公益法人協会」が発行する『特定公益増進法人一覧』を手掛かりにするしかない。その二〇〇〇年版(二〇〇〇年八月一〇日発行)をみると、「本冊子は、大蔵省主税局でとりまとめた資料をそのまま印刷製本したものです」と断り書きが記されてある。

なんのことはない、大蔵省がインターネットで公開すれば済むところをわざわざ公益法人を使って発行させているのである。こうしておけば同省に印税が入るうえ、財団も収益を得るからであろう。

こういうわけだから、市民が次に「特定公益増進法人」のリストを手にしようとするなら、今度は一冊八〇〇円出して同財団から『特定公益増進法人一覧』を買わなければならない。この発行元の「公益法人協会」の会長(常勤)は、主務官庁だった旧・総理府(現在は総務省の所管)の元大臣官房管理室長が務める。

以上が公益法人に関する「情報公開」の現実である。政府はいま、「IT革命」に躍起だが、肝心の政府のお膝元にある「国民の税金」の使い途にもつながる公益法人の事業活動や財務内容の情報公開は真剣にやろうともしない。政府はIT革命の前提となる膨大な政府文書の情報公開はろくにしないまま、民間のIT革命をやろうというのである。

二〇〇一年四月から施行される情報公開法も、公益法人はおろか特殊法人さえ情報公開の対象外とされ、納税者は税の使途を知ることができない。米国では三五年も前の一九六六年に情報公開法が施行され、七四年にはウォーターゲート事件を契機に同法が改正されて、市民は容易に政府文書を閲覧できるようになる。

「見えない政府」の存在を「国民に見えるようにする」のは、政府にとってたぶん危険すぎることなのだろう。公益法人問題の根が深いのも、一つには、不徹底とはいえ改革の俎上に載せられた「特殊法人」に比べ、税金を食ったり、政府の周辺業務を独占して民業圧迫する事態が一層不透明で、始まってまもない情報公開も形ばかりなためである。

注1　「読売新聞」二〇〇〇年一二月九日付。
注2　総理府『平成12年度　公益法人に関する年次報告』一八三ページ。

Ⅲ　知られざる実態

1　奇妙な法人――休眠法人

首相官邸など国の機関にウランやナトリウムを含む放射性鉱石「モナザイト」が郵送された事件(二〇〇〇年六月)は、ウラン物質を北朝鮮に密輸していると名指しされた財団法人「日本母性文化協会」をクローズアップさせた。

だが、調べが進むにつれ、この公益法人は設立の趣旨に沿った活動は一切していない休眠状態にあることがわかった。しかも、理事長を含めて六人いる財団理事の一人は本人の承諾なしに理事として無断登記されていた、というデタラメぶりだった。

この奇怪な事件は、はしなくも休眠中の公益法人を舞台に引き起こされたのである。

同財団が文部省の許可を得て設立されたのが一九四九年。終戦後まもない頃である。設立目的は「女性や母親の権利擁護」とあったから、女性の権利と地位向上を求める気運に乗じてほかの多くの公益法人同様、戦後のどさくさの中で許可されたようだ。事件当時の池田弘理事長(当時八四)が就任したのは八八年だが、活動報告を怠ったため文部省が九七年に調べたところ、休眠状態であったことが判明したという。

事件はその後の警視庁公安部の調べで、政府機関に郵送されたモナザイトは、大量保管していた同財団の理事長が、計画していた老人ホームの建設を委託した建築業者に、工事代金の担保として提供したモナザイトの一部だったことが確認された。

はっきりしていることは、「放射性物質保有―北朝鮮への密輸」という事件の異常なプロフィールが、公益法人の信用を元手に、公益法人を隠れミノに発生した、ということだ。休眠中の公益法人だから、誰からも監視されずに仲間内で計画を膨らませ、暴走した、といえる。公益法人が犯罪の温床になりやすいことを証明した格好だ。

事件と公益法人とを結びつけた「強い絆」は、次のように説明できる。

・「公益法人」だからと相手方を信用させ、モナザイトの取引や老人ホームの建設計画を進めた――→「公益法人」の信用を悪用

・公益法人は企業の株主総会のような強力な監視システムを持たないため、公益活動を装って無関係な営利行為に乗り出すのが容易――→「公益法人」を隠れミノに営利行為

・監督官庁は、公益法人から活動状況の書類報告を年一回受けるだけで、その活動を事実上放任している状態にある――→監督の不行き届き

資料7　休眠法人の整理に関する統一的基準（1985. 9. 17 公益法人指導監督連絡会議決定　1988. 3. 10 一部改正）

1（略）

2 休眠法人の認定

主務官庁は、上記1の調査結果等に基づき、主として、次に掲げる事由を総合的に判断し、休眠法人と認定する。

(1) 引き続き3年以上事業を行っていないこと

(2) 理事が存在しないこと又はその任期が3年以前に満了していること

(3) 理事の所在が確認できないこと

(4) 事務所及び職員が存在しないこと

(5) 主務官庁の監督規則に基づく報告、届出等を引き続き3年以上怠っていること

(6) 引き続き3年以上にわたって収入及び支出がないこと

(7) 社団法人にあっては、引き続き3年以上にわたって総会が開催されていないこと

(8) 財団法人にあっては、基本財産が存在しないこと

3 休眠法人の解散指導及び設立許可の取消し

休眠法人と認定した法人については、次の方法により、その整理を行うものとする。

(1) 理事の存在が確認された場合

主務官庁は、当該理事に対し、解散の指導を行い、自主的に解散させるものとするが、これに応じない場合は、あらかじめ理事について聴聞を行った上で、設立許可の取消しの処分を行い、この旨を理事に報告する。

(2) 理事が存在せず、又はその所在が確認できない場合

主務官庁は、設立許可の取消しの処分を行い、その旨を官報に掲載する。

4（略）

・休眠法人と認定して公益法人の許可を取り消すには「三年以上事業を行っていない」「主務官庁への報告、届け出を三年以上怠っている」「三年以上総会を開いていない」などという、ひどく甘い要件から認定までに少なくとも三年以上の歳月がかかり、これによって不法行為が起きやすい土壌をつくっている。――→甘い設立許可取り消し要件（資料7）

このように、公益法人はあいまいな三つの設立要件のもと（Ⅰ2参照）、主務官庁の許可を得てひとたび設立されると、監視・監督がおろそかなため、なかには本来の公益事業をやらずにとんでもない方向に逸脱してしまう法人もある。とりわけ休眠法人は活動を停止しているだけに、悪用されて逸脱、暴走する危険性が高い。

休眠法人は減少しつつあるとはいえ、九九年一〇月一日時点でもなお二四一法人もある。これ以外にも〝開店休業〟している公益法人はあるのだが、奇妙なことに休眠状態が三年未満なら一切「休眠法人」にカウントされない。したがって、「休眠三年未満」を含む数多くの休眠法人が、「公益法人」の資格を隠れミノに、いつ暴れだしてもおかしくない。

暴走の手口は、外部の者が目をつけ「買収」によって役員に就任し、税法上の特典を利用して本来の公益事業以外の営利事業に乗り出す、といった類いが多い。

2　幽霊法人も一二〇〇近くさまよう

とはいえ、休眠法人よりも、もっとうさんくさい法人がある。全国で一〇〇〇カ所を超える登記所の公益法人索引名簿には記載されているのに、設立を許可し、監督するはずの各所管官庁が持っている公益法人名簿には、どういうわけか記載されていない法人である。いわば「所管不明の公益法人」で、俗に「幽霊法人」とも呼ばれる。これが一一七四法人(九九年一〇月一日時点)もある。

総理府が各省庁を通じて調査を実施した九五年度当時はこの幽霊法人の数は約一八六〇法人にも上っていたが、このあと総理府が大部分を都道府県に割り振って設立許可の取り消しや自主解散の指導などで整理して、ようやくこの数字まで減ったのである。

幽霊法人が数多くさまようのも、公益法人が次から次へと乱造された歴史的経緯が背景にある。とくに戦後まもなく社会的混乱の中で登記所が登記を抹消し忘れたことが多かったため、と総理府は説明しているが、数の多さからみて所管官庁が法人名簿に登録し忘れ、そのまま放置してきた管理ミスと職務上の怠慢も相当あったとみられる。

こうして所属不明の幽霊と化し、地下に潜った公益法人は勝手な事業をやっても法の網に引っかからない限り「お咎めなし」でやってこられた。監督官庁の名簿にも載っていない有様だから、事業報告や財務報告も一切しなかったのだろうが、これら幽霊法人が行ってきた事業実態についての調査結果はいまなお公表されていない。

脱税などの違法行為が、数年、数十年の間に、どの程度行われ、結果はどのように処理されたのか。——こういう問題をうやむやにしながら、幽霊法人の実態調査に乗り出した九五年以降九九年までの五年間に、全国で一六〇〇以上もの公益法人が別途、新設されている。

3　「トンネル法人」——補助金の交付機関

公益法人の弊害の中で最も目につくのが、国の補助金・委託費の無駄遣いである。九八年度決算ベースでみると、国所管公益法人への補助金総額は延べ四三四法人に対し三六五八億七七〇〇万円に上った。景気対策最優先を掲げる政府の大型補正予算で新規の補助金が交付されたため、前年度比三六・六％も急増したものだ。

一方、委託費の交付を受けた国所管の公益法人は延べ五七三法人、委託費の総額は一三七二

資料8　国所管公益法人に対する補助金，委託費の状況

(1998年度決算ベース：百万円)

	交付額	交付法人数	金額別法人数			
			1,000万円未満	1,000万円～1億円	1億円～10億円	10億円以上
補助金(構成比)	365,877	434	96 (22.1)	159 (36.6)	130 (30.0)	49 (11.3)
委託費(構成比)	137,256	573	165 (28.8)	252 (44.0)	126 (22.0)	30 (5.2)
合計(構成比)	503,133	1,007	261 (25.9)	411 (40.8)	256 (25.4)	79 (7.8)

注：法人数は延べ数

出所：『平成12年度　公益法人に関する年次報告』

資料9　都道府県所管公益法人に対する補助金，委託費の状況

(1998年度決算ベース：百万円)

	補助金		委託費	
	交付額	交付法人数	交付額	委託法人数
知事部局所管	303,419	4,184	450,498	2,961
教育委員会所管	67,178	552	92,199	248
合計	370,597	4,736	542,697	3,209

出所：前掲

億五六〇〇万円(前年度比四・一%減)に上った。補助金・委託費を合わせると総額五〇三一億三三〇〇万円もの国民のカネが公益法人に、補助金全体の六六%を占める一般会計と、ほぼ三四%を占める特別会計(石炭・石油・エネルギー需給特別会計、食糧管理特別会計など)から注ぎ込まれたことになる(資料8)。

さらに、都道府県から交付されている補助金は総額三七〇五億九七〇〇万円、交付法人数は四七三六、委託費が五四二六億九七〇〇万円、委託法人数が三

二〇九(いずれも九八年度決算ベース)に上る(資料9)。これらも国民や地域住民が負担するものだ。

補助金でみると、一〇億円以上を受け取った国所管公益法人は、全体の一一%に当たる計四九法人ある。このなかで、問題の第一は、国の一般会計、特別会計からの多額の補助金が、公益法人を仲介して大学や研究機関に交付されるケースがあることだ。

つまり「トンネル法人」である。医学や医薬品の研究用に補助金が必要な場合、研究機関に直接交付すればよいものを、所管官庁OBが理事長や常勤理事を務める公益法人をトンネルにして行う必要はあるのか。

「トンネル法人」を使うと、同法人の人件費・管理費分のコストが余計にかかるようになる。しかも、仮に補助金の必要性がなくなっても法人を維持し、天下りOBを養うため、無用な交付が続けられる恐れがある。

こうした「トンネル法人」の場合、整理したうえ補助金は国が公益法人を介さずに直接、相手先に交付すべきではないだろうか。

補助金を巡る第二の問題は、国とか地方自治体からの補助金で収入の全部か大部分を賄っている公益法人が少なくないことだ。

いわゆる「丸抱え法人」である。こうした法人の場合、単に国とか自治体の下請け機関として動いているだけだから、事業の自主性が育ちにくい。

自主的な公益活動の展開はなかなか期待できないから、このような法人の場合も、「自主的な活動」が認められなければ廃止するか、似たもの同士を整理統合したうえ民営化して営利企業に改めるか、透明性と自発性の高い独立行政法人(注1)に移行すべきであろう。

「トンネル法人」の一例として、厚生労働省(旧・厚生省)所管の「ヒューマンサイエンス振興財団」を取り上げてみる。

九八年度の決算報告書によると、国からの補助金・委託費の収入は三七億七五八六万円。全収入の九割以上を占める。これをバイオ・テクノロジーを使った先端的医薬品とかエイズ医薬品の開発研究など、厚生省のポリシーと予算枠に沿って事業分野ごとに割り振るのである。

ひと言でいえば、厚生省の下請け機関として、医薬品の研究に関する補助金・委託費を研究グループに交付しているのである。国費が財団を通って研究グループに渡されることになるから、国が直接交付する場合より公益法人の管理・人件費コストがよけいにかかる形になる。

神崎俊彦・常務理事は「ほかの財団は国費を(人件費などに)流用しているが、われわれはしていない。役員の収入は自主財源から」と胸を張るが、それを可能にしている収益事業も所詮は厚生省の巨額の予算が引き寄せるからこそ、会費やセミナー費などの形で収入が得られるのだ。あくまで「国にオンブしながらの収益事業」なのである。ならば、国が自らの業務の一部として研究グループに補助金・委託費を直接交付すべきではないのか。

役員は四人。うち会長は非常勤で元第一製薬副社長。が、常勤で事実上トップの理事長には元厚生省健康政策局長が前代に続き厚生省から天下っている。厚生省を退官後、特殊法人の社会福祉・医療事業団理事に天下りした〝渡り鳥〟である。

人件費は補助金で賄う

もう一つ、厚生労働省(旧・労働省)所管の「産業医学振興財団」を例に挙げよう。

同財団の二〇〇〇年度事業計画の事業別明細をみると、必要とみなされる人件費は毎年二〇億円を超える補助金によって全額賄われることになっている(資料10)。役員給与は常勤三役員に支払われ、計五四三二万円。すべて補助金から充てられる。

職員給与、手当も同様だ。職員の基本給は計一九人に対し一億九六一万円が予算として計上され、補助金から賄われる。つまり、国が丸ごと税金からなる補助金で人件費をはじめ運営費

資料10　産業医学振興財団「平成12年度事業別明細表」の一部

（千円）

事業区分	事業に要する経費	補助対象経費	補助金
I 産業医学振興財団運営費	2,496,809	2,496,026	2,046,525
(款)一般運営費	613,487	612,704	612,704
1. 一般運営費	416,474	415,691	415,691
(項)役職員給与	271,988	271,232	271,232
(目)役員給与	54,324	54,324	54,324
(目)職員基本給	109,614	109,614	109,614
(目)職員諸手当	70,203	70,203	70,203
(目)超過勤務手当	8,051	8,051	8,051
(目)法定福利費	29,796	29,040	29,040
(項)退職手当積立金繰入	14,282	14,255	14,255
(目)役員退職手当積立金	11,945	11,928	11,928
(目)職員退職手当積立金	2,337	2,327	2,327
(項)管理諸費	129,455	129,455	129,455

注：労働保険料個人負担分756千円
出所：産業医学振興財団

の面倒をみてやっているのだ。

同財団が発足したのは、七七年一二月。当時、職業病が猛威を振るっていた。高度経済成長のひずみによる頸肩腕症候群、腰痛、振動病などが急増し、多くの職場で産業医学の専門医が必要だと叫ばれていた。

こうして産業医科大学が開校するのとほぼ時を同じくして、産業医科大に学生の奨学金などの形で助成を行い、産業医の資質向上、産業医学に関する研究の促進などを目的に産業医学振興財団が設立されたのである。九六年に労働安全衛生法の改正で従業員一〇〇〇人以上の各事業所に「産業医一人」の常勤が義務づけられる。

これに伴い産業医の研修・認定を行う日本医師会に対する助成も活発化する。テクノストレスなど各種職業病の広がりがその背景にあった。

いわば、同財団は時代の要請に沿って労働省を手伝う形で補助金を産業医科大学や日本医師会に交付してきたといえる。その限りで、「トンネル法人といわれるのは心外。目的を持った事業をやっている」(同財団総務部)という財団の自己認識自体は間違っていない。

問題は、税金として負担する国民の側からみて、お国の事業だからといって一公益法人が運営費まで丸ごと補助金で賄われるのは納得いかない、ということだろう。しかし、より重要な問題は、情報開示されないため、こういう「見えない政府」が「見える政府」のために行う補助金交付の実態がまるで知らされていないところにある。

この振興財団への天下りの実態はどうか。役員一二人のうち常勤は三人。うちトップの理事長は労働省能力開発局長ＯＢ。

理事長に次ぐ常務理事も前職が労働省の岡山労働基準監督局長。理事長、常務理事ポストとも設立時から労働省ＯＢの指定席になっている。常勤監事は大蔵省ＯＢで、結局、常勤役員三人とも「官」からの天下り。

こうした「トンネル法人」の問題に対して省庁側の言い分は、国家公務員の定員制の関係から国とか特殊法人は直接その種の事業ができないから公益法人に任せざるを得ない、というものだ。「官」にリストラという概念はない。

「官」の下請けとして動く現業部門の「見えない政府」が、国民の与り知《あずか》らぬところで国の巨額の補助金を扱う。その補助金には「本来事業に必要な補助金」とは別に、公益法人の役員や職員の給与・賞与分も含まれる。税金が、公益法人の人件費にまで注ぎ込まれているわけだ。

4 「丸抱え法人」——補助金・委託費で収入を賄う

収入のほとんどを国や地方自治体からの補助金・委託費に依存する公益法人も少なくない。いわゆる「丸抱え法人」である。

「丸抱え法人」はいわば、公金抜きにはやっていけないから、国や自治体のパラサイト(寄生虫)のような存在だ。問題は、国や自治体の事実上の下請け機関であり、公益法人の自主性というものがまるでみられないことだ。しかもよく似た公益法人がいくつもあるため、補助金・委託費は分散して運営は非効率的になり、無駄遣いが増える。

資料11　留学生交流関係予算の推移

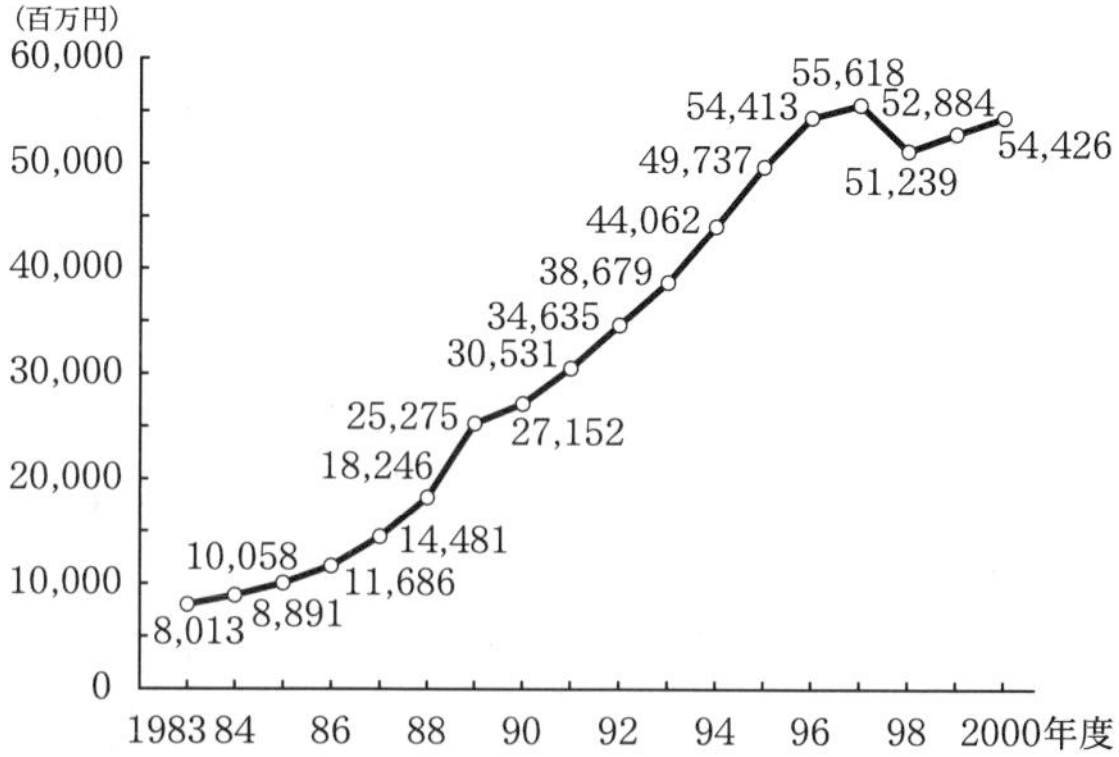

出所：文部省

「丸抱え法人」の代表例の一つが、収入の九二%(九九年度)を国からの補助金に依存している文部科学省(旧・文部省)所管の財団法人「日本国際教育協会」。

国が所管する公益法人六八七九(九九年度)のうち、文部省は四分の一以上の一八二二法人を所管し、補助金の交付法人数も官庁中最も多い。その管轄下に、日本国際教育協会のほか、日本人学生や外国人留学生に対し補助金で世話をする「内外学生センター」「国際学友会」「留学生支援企業協力推進協会」「関西国際学友会」などの類似公益法人がひしめいている。

文部省によれば、こうした公益法人が補助金として受け取る国の「留学生交流関係予算」は、九七年度をピークに縮小したが盛り返し、五〇〇億円の大台を推移している(資料11)。九八年度に落ち込んだのは、明らかにアジア経済危機の影響からアジア各国からの留学生が減少したためだ。

内外学生センターの旧称は、かつて学生にその名が親しまれた「学徒援護会」。日本人学生のアルバイトや民間アパートの斡旋から始まり、いまは支援対象を留学生にも広げている。

内外学生センターへの取材は、「一般の新聞などマスコミならば受けるが、ほかは一切受けられない」(総務部)と、根拠不明の理由でにべもなく拒否された。このセンターも、収入の八割を国からの補助金に依存している。

日本国際教育協会は、補助金ランキング(九八年度実績)で公益法人中、飛び抜けてトップの四〇五億八八六〇万円(資料12)。

事業の中身は、外国人留学生が日本で生活していくための支援で、民間アパート代の補助(大都市で月額一万二〇〇〇円、地方で九〇〇〇円)とか、日本語学校に通う外国人留学生に一人月額五万二〇〇〇円の奨学金を支給する。

九九年度予算(九一億七九一五万円)の支出額中最大は、私費留学生に対する学習奨励金などの援助事業で三四億円超、三七%。以下、セミナーなどの教育交流事業三〇%、奨学金などの福祉・援助事業八%、留学生宿舎建設奨励金七%——と続いている。

二〇〇〇年度は帰国留学生の動向の調査とデータ化に二八〇〇万円の予算を組み、補助金から引き出す。常勤役員は理事長以下四人。うち三人が文部省、一人が大蔵省出身者だ。理事長は元文部省体育局長。

毎年の補助金の要求は、事業の原案を財団側が「たたき台」としてつくり、これに文部省側が実施上のポイントを示すなどして固まっていく。いわば、財団は役所の行政指導を受けながら、自動的に補助金を受け取る仕組みだ。「こちらは現場。(文部省とは)一心同体的にやっている」と総務部が内情を明かした。

こういう公益法人の存在は内外の学生にとってはありがたい話だろうが、問題は奨学金ひとつとっても「いろんな公益法人が出している」(日本国際教育協会)実態にある。

つまりは、国民の税金のバラまきが国民の与り知らない分野で公益法人を通じて盛大に行われているのである。この種の公益法人は、役割が重なるために、予算が余計に増額されやすい。したがって整理統合したうえで、設置法に基づいて独立行政法人化して事業内容を透明化すべきであろう。

農林水産省	㈳大日本水産会	20,603,022
	㈶海外漁業協力財団	2,260,751
	㈶魚価安定基金	1,733,898
	㈶日韓新協定対策漁業振興財団	25,000,453
	㈳国際農業交流・食糧支援基金	6,497,747
通商産業省	㈶海外貿易開発協会	3,061,613
	㈶海外技術者研修協会	8,855,346
	㈶製造科学技術センター	1,150,838
	㈳全国石油協会	3,168,726
	㈶石油産業活性化センター	15,153,100
	㈶国際石油交流センター	1,625,686
	㈶石炭利用総合センター	4,329,008
	㈶新エネルギー財団	8,445,668
	㈶省エネルギーセンター	2,767,612
	㈶電源地域振興センター	5,385,660
	㈶天然ガス導入促進センター	1,983,032
	㈳日本ガス協会	1,669,974
	㈳全国信用保証協会連合会	8,000,000
	㈶全国中小企業情報化促進センター	15,000,000
運輸省	㈶空港環境整備協会	1,517,906
郵政省	㈳道路トンネル情報通信基盤整備協会	1,068,212
労働省	㈶産業雇用安定センター	2,436,956
	㈶労災保険情報センター	13,397,800
	㈶産業医学振興財団	11,947,109
建設省	㈶建設業振興基金	2,500,000

出所：『平成12年度 公益法人に関する年次報告』

資料12　10億円以上の補助金を受けた国所管公益法人

(1998年度決算ベース)

省庁名	法人名	金額(千円)
防衛庁	㈶防衛施設周辺整備協会	4,870,006
外務省	㈶交流協会	1,782,685
文部省	㈶内外学生センター	1,723,859
	㈶私学研修福祉会	1,920,000
	㈶日本オリンピック委員会	1,374,359
	㈶日本国際教育協会	40,588,600
厚生省	㈶ヒューマンサイエンス振興財団	2,930,966
	㈶放射線影響研究所	2,676,691
	㈶こども未来財団	2,396,133
	㈳国民健康保険中央会	8,163,159
	㈶全国精神障害者家族会連合会	1,709,055
	㈶産業廃棄物処理事業振興財団	1,330,511
	㈶全国老人クラブ連合会	1,429,509
農林水産省	㈶農林水産長期金融協会	7,800,000
	㈳全国農地保有合理化協会	2,689,887
	㈶全国土地改良資金協会	17,000,000
	㈶中央果実生産出荷安定基金協会	1,368,157
	㈳配合飼料供給安定機構	10,123,658
	㈶食品産業センター	1,672,794
	㈶食品流通構造改善促進機構	3,288,360
	㈶甘味資源振興会	1,164,659
	㈳全国米麦改良協会	25,750,000
	㈶全国米穀協会	1,869,693
	㈶日本木材総合情報センター	1,061,762

5　国の事務を補助・補完

　国の事務を法的根拠もないのに独占的に補助・補完している公益法人も存在する。設立当初から役所と結びついて事業を独り占めしてきただけに、コストダウンのメカニズムがまったく働かない。

　その結果、公益法人の人件費・管理費も安易に増えがちとなり、これが上乗せされた形で補助金・委託費が交付され、国との個別の契約が高値で結ばれることにもなる。

　この具体例に、財団法人の「関東陸運振興財団」(旧称・陸運賛助会、旧・運輸省所管)、「国有財産管理調査センター」(旧・大蔵省所管)、「防衛施設周辺整備協会」(防衛施設庁所管)、「空港環境整備協会」(旧・運輸省所管)、「矯正協会」(法務省所管)などがある。共通項は「国との一体事業・一体意識」だ。

　他方、国の事務ではないが都道府県の事務を独占的に請け負う公益法人もある。地方自治体のレベルでも、同様なことが行われ、結果的に住民の負担を増やしているわけだ。これらの公益法人の中には、道府県および全国約三二〇〇の市町村が実施する公務員の採用試験に対する標準的な試験問題を作成・提供する財団法人「日本人事試験研究センター」(旧・総理府所管)とか、全国の自治体が共通して利用できる住民基本台帳のような情報処理システムの研究・開発を行う財団法人「地方自治情報センター」(旧・自治省所管)などがある。

「地域独占」財団

「関東陸運振興財団」は、トラックやバス、乗用車、二輪車などのナンバープレートを交付する事業を運輸省から任されている。一都五県(千葉、埼玉、山梨、群馬、茨城)のテリトリーを「地域独占」の形で手掛けてきた。

設立は戦後まもない一九四九年。当時、退職した運輸省OBが「陸運賛助会」の名で設立し、理事五人全員に元運輸省幹部が名を連ねた。

設立二年後には東京陸運局長から「自動車登録番号標」の交付代行者の指定を受け、直ちに交付代行業務実施のため品川、浦和、千葉、水戸、前橋、甲府に事業場を設置している。

その後は、モータリゼーションの進展で急増する保有車両数に伴い、営業所を一七カ所に増設し事業を広げた。財団のテリトリーである一都五県の保有車両数は、七〇年当時は四〇〇万台足らずだったのが、九九年には四倍の約一六〇〇万台に達している。二〇〇〇年三月期決算によれば、職員数二三〇人で民間企業の純利益に相当する「当期正味財産増加額」は一億五〇九〇万円に上っている。

この財団の場合、国から補助金も委託費も一切受け取っていない。その代わり、ナンバープレート交付の手数料収入でやっている。納税者と消費者にとっての問題は、法人の役員や職員の人件費が、役所が認可した交付手数料の中に織り込まれていることだ。

役員をみると、非常勤の会長が元運輸省関東運輸局長。常勤理事一〇人のうち理事長が同じく元関東運輸局長、ほかに理事三人が運輸省出身者だ。

つまり理事の四〇%に当たる一〇人に四人が、監督官庁の天下りなのだから、指導監督基準に違反している。それによれば、「理事のうち所管する官庁の出身者が占める割合は、理事現在数の三分の一以下とすること」と決められている。

同財団は、役員や職員の人件費を交付手数料に含めて役所に申請しているが、その仕組みは次のようになっている。まず、財団側が人件費を計算して運輸省に案を提出する→運輸省はこの案を検討、吟味して、「口頭で」手数料をこれこれの額でこのように書いて申請するように、と指導する→これを受け、財団側が手数料の申請書を正式に運輸省に提出する。

このようにして、九二年秋にナンバープレート交付の手数料を約一〇%値上げしている。運輸省が財団の意向を汲みながら手数料を実質的に決め、天下り先にもしているわけである。

　このコスト分を負担するのは消費者(車の保有者)である。消費者は人件費相当分高くなったナンバープレートをそうとは知らずに買わされている。独占事業だから、消費者がそれを不満にほかの安いところでナンバープレートを交付してもらおうとしても選択の余地がない。国際的にみてベラボウに高い日本の物価高の要因の一つは、こういう「見えない政府」が作り上げている仕組みによるものだ。

　ナンバープレートの交付手数料は大型のトラックやバスを例にとると、東京で交付される場合はペイント式が一枚当たり九八〇円、字が光る字光式が一九六〇円。中型車(二〇〇〇cc以下)でペイント式が同七二〇円、字光式が一四二〇円。東京から遠隔になるにつれ高価になり、茨城、群馬、山梨などはトラックやバスの場合、ペイント式で一〇四〇円、字光式で二〇七〇円に跳ね上がる。

　財団の内部資料によれば、大型車のペイント式交付手数料九八〇円(東京)の場合、民間企業に製造させているナンバープレートの仕入れ値は六八六円だから、二九四円の利ざやを得ていることになる。「手数料の三〇%が粗利」という優雅な商売を国が保障している形だ。

バブルの後始末財団

財務省(旧・大蔵省)所管の財団法人「国有財産管理調査センター」の場合はどうか。

同センターは歴史が浅く、バブル経済が崩壊を始めた九一年に設立されている。背景には、地価が暴騰したため売りにくくなった国有地を有効利用しなければ、という時代の要請があった。急騰した相続税を払えずに個人が国に自分の土地を物納する「物納財産」の価格公示売却や公務員宿舎の維持管理業務など、国から委託を受けた国有財産の管理・有効活用が事業の中心。九九年度、国からの委託費は二四億八一〇〇万円に上った。

国有財産の維持・管理はもともと大蔵省理財局の本来の業務のはず。ところが地価暴騰の影響で土地の物納が九四年頃から急増し、早急な売却とそれまでの間駐車場などへの有効利用が急ぎ必要な情勢となり、同財団への委託が急ピッチで進んでいく。

同財団によれば、大蔵省の手足となる地方財務局が同財団設立前は自ら物納財産の管理・処分を含む業務を行っていたが、信用組合など地域金融機関の検査に要員が割かれたこともあり、新局面に対応するには手が足りなくなったことが、財団依存の背景にある。

「大蔵省が定員削減で仕事がシビアになってきている」ともいうが、こういう形で「見えない政府」が肥大化し、国民の税金が委託費の形で急増しているのである。そしてこの委託費の中に、財団の人件費もざっと半分含まれている。

同財団によれば、「実費支弁事業」と呼んでいる駐車場運営のような収益事業がある。この中から役員給与など人件費の残り半分が賄われるという。人件費の「半分は委託費から、半分は自前の収益事業から」という折半方式をとっているわけだ。

役員などの給与水準は大蔵省主計局とも相談して決められている。常勤役員の給与額については「特殊法人の最も下のランク」だという。

常勤役員は専務理事と常務理事の二人。うち専務理事は元大蔵省四国財務局長、常務理事は大蔵省理財局の元課長。

非常勤監事二人のうちの一人も、八五年一〇月に大蔵省から初めて監査法人（合併でできた「太田昭和」）に「会長」として天下り、波紋を投げかけた元同省関税局長。監事は経営監視役なのに、外部の第三者にではなく、身内に任せる無神経さだ。財団の主要ポストは大蔵ＯＢが占める。

官業一体化財団

国土交通省（旧・運輸省）所管の財団法人「空港環境整備協会」も、国の事務を補助・補完

資料13「空港環境整備協会」1968年設立時の役員名簿

役職	氏名	出身
会長	笹川良一	日本船舶振興会会長・航空振興財団会長
理事長	飯野毅夫	航空振興財団理事長
専務理事	丸山友孝	前四国海運局長
理事	朝田静夫	日本航空㈱専務取締役
理事	大庭哲夫	全日本空輸㈱副社長
理事	佐野弘吉	日本放送協会専務理事
理事	芥川輝孝	日本船舶振興会理事長・航空振興財団理事
理事	山根実造	航空振興財団常務理事
理事	笹川了平	群馬県モーターボート競走会会長
監事	栗沢一男	日本海事公報協会理事長
監事	高屋市二郎	弁護士

出所：空港環境整備協会

している点で「見えない政府」を形づくる。

事業の柱は、空港周辺の騒音をはじめとする環境対策事業、航空関連の環境調査事業、空港駐車場の運営など。「事業概要」を記したパンフレットには、「国の施策を補完する対策事業です」とうたっている。独立した事業主体である、という気風はまるでみられない。

日本の航空輸送が急増した六七年に「騒音防止法」が制定されたものの深刻化する一方の航空機騒音問題に取り組むため、運輸省と関係者の音頭で翌六八年に同協会の前身となる「航空公害防止協会」が設立される。

設立時の役員名簿をみれば、官民挙げて協会づくりに奔走したあとがわかる（資料13）。運輸省と業界関係者が手を結んで立ち上げた点で、その経緯は社団法人「日本自動車連盟（ＪＡＦ）」と瓜二つである。

ＪＡＦの場合は、自動車業界関係者が六三年に運輸省の要請に応え、破産状態にあった旧来の社団法人を買収する形で発足し、トップを自動車業界関係者と運輸省からの天下りＯＢ（のちには警察庁ＯＢも加わる）が分け合う官・業一体化の役員体制をとっている。

空港環境整備協会の場合、発足時に日本船舶振興会会長で航空振興財団の会長で政界にも睨《にら》みを利かせた笹川良一（故人）が会長に就任、理事長、専務理事、理事らに運輸省ＯＢ、公益法人トップ、日本航空や全日空の役員らが名を連ねた。

文字通り「官・業一体化体制」である。当時の「株式会社ニッポン」を象徴する「官」と「業」との協力・癒着体制といえる。

同財団は、羽田をはじめ航空公害の特にひどい空港を重点的に、テレビに対する電波障害や難聴への対策を実施してきた。九三年に名称を「空港環境整備協会」に改め、対策事業も騒音対策から空港周辺の環境対策へと拡充され、公園・緑地の整備、空港周辺の安全対策事業も手掛けるようになる。

自主財源確保のため、六九年から空港の駐車場運営に着手し、現在では全国二三空港で駐車場を運営し、二四事務所と羽田の「航空環境研究センター」で騒音や空気汚染などの環境対策を講じている。

この経緯をみる限り、お国のために助っ人として着実に歩んできた軌道が読みとれる。問題は、同協会の「構造」にある。国の実務の補完事業を法的根拠なしに、事実上独り占めしていることだ。競争がないから補助金や国との個別契約が高めになり、経営も安易になって税金の無駄遣いが多くなる。

公益法人白書によれば、空港環境整備協会は運輸省所管法人の中では唯一、一一〇億円以上の大口補助金ユーザー。九八年度決算ベースで計一五億一七九〇万円費やしている。この補助金の使途は、テレビ受信障害の対策費というが、詳細は情報公開されていない。

資料 14　「空港環境整備協会」常勤役員の最終官職名

役職	最終官職名
会　長	海上保安庁　長官
理事長	国土庁　官房審議官
事務理事	電子航空法研究所　所長
常務理事	東京航空局　次長

出所：空港環境整備協会

同協会はまた、駐車場事業から上がる収益金で航空の安全事業のため航空関係公益法人に助成を行っている。九九年度には一億四七〇〇万円助成した。

自らの判断で自前の資金で行っている、というが、事業計画についてはすべて事前に運輸省に相談・連絡していることからみて、逆に運輸省の要請や指示を受けて助成している可能性も考えられる。いずれにせよ、多額の補助金を受け取る同法人の事業資金の流れを透明化するため、情報開示が一段と進められなければならない。

同協会の役員一四人中、常勤役員は五人。そのうち、会長から理事長、専務理事、常務理事と、最上位四人はいずれも運輸省出身のそうそうたる官僚ＯＢ(資料14)。わずかに常勤理事一人だけが民間出身者で、協会付属機関の航空環境研究センター所長を務める。協会は事実上、運輸省の「聖域」と化している。

法的根拠なき国策財団

民法三四条によらず、国策事業として始まった「日本の公益法人の原点」ともいうべき財団もある。例えば、法務省所管の「矯正協会」。事業内容は、刑務作業の運営についての協力や、犯罪者・非行少年の矯正活動など。刑務作業とは、受刑者による物品の受注生産・加工作業を指す。

その沿革をみると、明治政府の要請を受け「大日本監獄協会」として民法が施行される以前の一八八八(明治二一)年三月に設立されたのが始まり。目的は「大日本帝国監獄事業ノ改進ヲ翼賛スル」とある。藩から県に移管された監獄の運営協力を国から任されたわけだ。

当時の設立事情について、河野一雄・常務理事は「明治政府は独立国にふさわしい刑務制度の整備を目指し、国策事業として発足した」と明言した。事実、発会式には、初代内閣総理大臣の伊藤博文が演説している。

一九〇〇(明治三三)年には「日本監獄協会」に改称され、さらにデモクラシーの気運が盛り上がった一九二二(大正一一)年にはもっとスマートな「刑務協会」の名に改められる。同じ頃、定期出版物の「監獄協会雑誌」は「刑政」と誌名を変えた。

戦後まもない四七年には、被収容少年の教化用新聞「こころ」(「わこうど」の前身)が創刊、五七年には「矯正協会」に改称された。九〇年には、刑事政策に関する学術的研究・調査などを目的に付属中央研究所が設立され、九九年四月には少年の凶悪犯罪の急増を背景に少年非行問題相談センターが設置されている。

その歴史には、国策事業として生まれ、時代の流れと共に変容していった法務省の刑務政策が如実に反映されている。むろん役員構成にも、それが映し出される。

常勤理事は、理事長を含む五人全員が法務ＯＢ。理事長は元法務省矯正局長、他の常務理事は四人とも東京もしくは大阪の矯正管区長出身。非常勤の会長は元検事総長だ。「特殊な仕事だから」と元大阪矯正管区長の常務理事は、ＯＢで常勤役員を固めた理由について弁明する。ほかに類似の協会はないから、矯正協会は「法務省と完全に一体化した公益法人」といえるだろう。だが、それは民法が施行されるよりも早く設立され、きちんとした法的根拠に基づいて発足したわけではない。

同財団はまさしく本来なら国自体が直接手掛けるべき特殊な事業を全面的に委任されてきた。この点で、矯正協会は行政と一体化した補完事業を営むことで、国民の目からは「見えない政府」を形成している。

基地の騒音対策で設立

防衛施設庁所管の財団法人「防衛施設周辺整備協会」も、歴史はずっと浅いが、国策事業として発足した公益法人だ。「国が動かなければ、そもそも生まれなかった公益法人」である。自発性はまるで感じられない。

同財団の場合、沖縄の米軍基地の絡みもあって、国の補助金の巨額さ(九九年度四八億六八〇〇万円)が目を引く。設立は七七年。自衛隊や在日米軍基地周辺の生活環境を改善するため、問題の調査・研究を行い、これを踏まえた国や地方自治体の施策・事業の推進に協力するのが目的だ。

設立の時代背景には、一九六〇年代後半から公害問題が激化し、基地周辺も騒音問題が深刻化した国内事情がある。これに危機感を強めた防衛施設庁は、国、地方自治体の関係者、学識経験者、防衛施設庁OBが集まって基地騒音問題の対策に当たる団体をつくることとし、設立委員会をつくって同財団の創立に漕ぎ着けた。

設立に際しては、全国市長会が大きな役割を果たしている。背景には、無視できないほどの基地周辺住民の不満の高まりがあった。こうしてできた財団は、国(防衛施設庁)が自治体と合作し、国から補助金を引き出して運営に当たる仕組みをつくる。

理事長をはじめとする常勤理事は、設立以来すべて防衛施設庁出身者。現在の常勤委員の顔ぶれは、理事長が元防衛施設庁次長、専務理事が元東京防衛施設局長で財団法人「防衛技術協会」評議員を兼務、三人の常務理事もそれぞれ名古屋、那覇、大阪の局長や次長OBだ。会長は毎週火曜日だけの出勤を義務付けられた非常勤で、防衛施設庁長官や国防会議事務局長を歴任している。

会長と常勤理事の主要ポストを防衛施設庁OB六人で固める一方、非常勤の理事ポストは一二人中八人までを全国の市長にあてがった形。監事二人は防衛施設庁と消防庁の出身者が占め、この執行体制で事業計画や人事を協議する理事会や職員数二七三人の全国的組織を取り仕切る。

補助金の使い途は、助成事業として①電波受信障害でテレビの映りが悪い基地周辺のNHK

放送受信契約者に対し、地上放送の受信料の半額を助成(九九年度三〇億円強。残り半分はNHKが負担)、②騒音対策として防音工事を行った学校施設に対しエアコン稼働用の電気料金を助成、③騒音対策としてエアコンを付けた生活保護世帯に対し電気料金を全額助成——など。いわば、基地の存在がもたらす電波障害や騒音などの〝迷惑料〟を国の補助金から回す役を引き受けている。自衛隊や米軍基地が地域住民から受け容れられるようにするのが狙いだから、かなりバラマキ色が濃い。

沖縄で九六年に、少女が米兵にレイプされる事件が起こった。当時の大田昌秀・沖縄県知事の事件再発防止や補償に向けた強い要望を受け、翌九七年から米軍兵士の公務外の不法行為による被害者・家族に対し無利子で融資を行う融資事業も、同財団が手掛けることとなる。九九年は米海兵隊員が起こした公務外の交通事故に対し一七〇〇万円が被害者側に融資されている。国に代わって駐留米兵の不法行為の後始末の面倒もみているわけだ。本来、国が直接やるべき仕事を下請けしているのである。

だが、こうした行政の特殊な補完機能と補助金の奇妙な使途について、情報公開は事実上されていない。

同じことは、九八年度の委託費交付額が国所管公益法人中トップの一九二億七〇九八万円に

資料15　10億円以上の委託費を受けた国所管公益法人

(1998年度決算ベース)

省庁名	法人名	金額(千円)
科学技術庁	㈶核物質管理センター	1,777,818
	㈶原子力安全技術センター	1,312,940
	㈶日本分析センター	1,584,728
大蔵省	㈶日本税務協会	2,054,356
厚生省	㈶日本障害者リハビリテーション協会	1,154,569
	㈶医療情報システム開発センター	2,432,641
	㈶厚生年金事業振興団	2,408,384
	㈶社会保険健康事業財団	6,986,866
	㈶船員保険会	1,239,783
農林水産省	㈳農林水産先端技術産業振興センター	1,445,342
	㈳日本栽培漁業協会	2,240,079
通商産業省	㈶産業創造研究所	1,832,803
	㈶資源探査用観測システム研究開発機構	1,672,303
	㈶資源・環境観測解析センター	2,917,019
	㈶原子力環境整備センター	2,156,145
	㈶石油産業活性化センター	1,106,803
	㈶新エネルギー財団	3,447,987
	㈶電源地域振興センター	1,729,827
	㈶電力中央研究所	2,083,067
	㈶発電設備技術検査協会	5,988,095
	㈶原子力発電技術機構	19,270,984
	㈳発明協会	1,146,468
	㈶国際超電導産業技術研究センター	1,013,889
	㈶日本規格協会	1,035,570
労働省	㈳全国労働保険事務組合連合会	1,466,789
	㈶労災年金福祉協会	2,312,244
	㈶労災保険情報センター	4,271,403
	㈶労災ケアセンター	3,319,312
	㈳全国労働基準関係団体連合会	2,099,820
自治省	㈶明るい選挙推進協会	1,255,231

出所:『平成12年度 公益法人に関する年次報告』

上り(資料15)、二〇〇〇年度に約二〇三億円もの国からの委託費予算を組んだ財団法人「原子力発電技術機構」や原子力利用の広報機関「日本原子力文化振興財団」にもいえる。

日本原子力文化振興財団の場合も、防衛施設周辺整備協会と同様、国策型の法人だ。旧・科学技術庁と通産省の共管財団法人として六九年七月に設立。財団によれば、「わが国は原子力利用を進めなければならないが、原爆体験もあり、住民に不安が強い。これを何とかしなければ……」(藤井信幸・事業部長)というのが、発足の動機だった。

いわば、エネルギーの八割強を海外からの輸入に頼っている現状を改めるには、自前で原子力開発を進めるべし、との国の政策に後押しされて生まれた財団だ。年間一二億円(九九年度)に上る国からの委託費を得て行う原子力利用の広報事業について、財団自ら「役所の要請で行う事業」と位置付けている。

この広報財団も「見えない政府」の一部を成す。

6　各省庁のシンクタンク

公益法人を「官」が自分たちの都合のよいツールにしてきたことは、みてきた通りだが、シンクタンクと呼ばれる有力調査研究機関の多くも、実質的には「官」の手中にある。

シンクタンクの中には、①戦後まもなく中央省庁の改組直後に設立され、役所と一心同体で調査研究や広報活動に当たった(旧・総理府所管財団法人「公正取引協会」、旧・通産省所管財団法人「通商産業調査会」など)、②国や特殊法人から受け取る補助金・調査委託費をもとに民間シンクタンクに委託する調査研究機関(旧・通産省所管財団法人「産業研究所」など)、③会長、理事長などの要職を官僚OBが独占し、天下った「官庁エコノミスト」が調査研究活動・事業を推進する(旧・大蔵省、文部省共管社団法人「日本経済研究センター」、旧・経済企画庁、通産省共管社団法人「日本リサーチ総合研究所」など)――のような中央官庁直結タイプが広くみられる。

有力シンクタンクも「官」の手中

結果、経済分析や調査結果が、もらっている補助金とか天下り役員の有形無形の圧力や自己抑制から、いつしか「政府寄り」に偏ってしまうことは避けられない。

シンクタンクは本来、客観的であるために政治・行政権力から独立していなければならないのだが、多くの実態は「結ばれている」のである。例えば、職場や生活の場で人びとが実感する「景気」が、政府の「景気判断」と食い違うのも、エコノミストの多くが「官庁エコノミスト」で、シンクタンクが官庁支配下にあることと無関係でない。

シンクタンクでもう一つの主流を成す金融機関系も、九七年頃まで設立母体の金融機関が護送船団行政下にあったために大蔵省の影響を免れず、独立したシンクタンクとはいい難い状況にあった。そのうえ、官庁に特設された「記者クラブ」を拠点に発表をこなすマスコミの報道も、全体に「政府寄り」になる傾向は否めない。こうして日本人は一般に、「官」によって多分に味付けされた日常情報とデータ分析、調査結果をマスメディアを通じて日々受け取っていることになる。

シンクタンクのうち、役所が自ら必要性を感じて生み出した一つに経済産業省所管の財団法人「通商産業調査会」がある。

そのホームページは「ごあいさつ」の中で、次のように率直に設立のいきさつを述べている。「(設立より先の昭和二四年五月二五日には)「商工省」が改組され、産業の合理化と輸出振興を柱とする長期政策の確立をめざし「通商産業省」として発足したのであります。その際、同省の強いご意向に基づいて、新しい時代に即した通商産業施策立案の基礎となるべき資料の収集および調査研究を目的とした官民協同の機関の創立が要請され、これにこたえた関係主要産業団体の御協力により、当会が誕生したのであります」

もう一つ、公正取引委員会と一体化して動く「公正取引協会」をみてみよう。

会長は大蔵省主計局長、国土事務次官などを歴任した元公取委委員長、専務理事は元公取委審査部長と、トップは歴代、公取委OBが占める。国から委託費を毎年数百万円受け取り、テーマに応じて学者などに調査委託している。

主な収入源は、多くのシンクタンク同様、研究会や講演会、出版物などの情報提供が受けられる会員制の会費(会員は現在、約七〇〇社・団体。会費は維持会員の場合、年会費一五万円、入会金七万五〇〇〇円)。

入会案内をみると、事業概要は、①内外の独占禁止法・公正取引に関する法令と競争政策に関する情報の収集、②競争法と競争政策についての調査研究、③関連出版物の刊行——とある。

出版活動の一環として、ふつうなら大蔵省印刷局から定価で刊行する「独占禁止白書」を、新聞・出版物の再販制度に批判的な橋口収会長が同協会で会員向けに発行している。

同協会に「シンクタンク」という自意識はまるで感じられない。それもそのはず、経済の民主化を目指して独禁法が成立し、公取委が新設された一九四八年の二年後、独禁法についての研究・啓蒙活動を目的に前身の「公正取引研究協会」がつくられたのが、そもそもの始まりだからである。

民間から自発的に生み出されたのではなく、公取委の説明によれば「行政と企業の架け橋」として公取委がつくったのである。

つまり、本来なら省庁の企画立案部門が自らの業務に関連して調査研究を長期的に行うのがスジなのに、外部に公益法人をつくって事実上請け負わせ、そのトップに天下りしているという構図だ。

政府が見えにくい形で、肥大化しているのである。しかも、省庁からの調査委託にとどまらず、役所とのパイプを背景に業界団体や企業に会費などの形で出資させ、学者への委託などで業容を拡大する。同協会は、この典型例といえよう。

特殊法人から補助を受ける「トンネル型シンクタンク」

もっと複雑形の官庁系シンクタンクもある。財団法人「産業研究所」だ。複雑形をしているのは、特殊法人・日本自転車振興会からの多額の補助金を使って民間シンクタンクに委託しているからである。

九九年度の調査研究テーマをみると、計九二件のうち「産業政策の新展開に関する調査研

資料16 「産業研究所」を巡る補助金・委託費の流れ

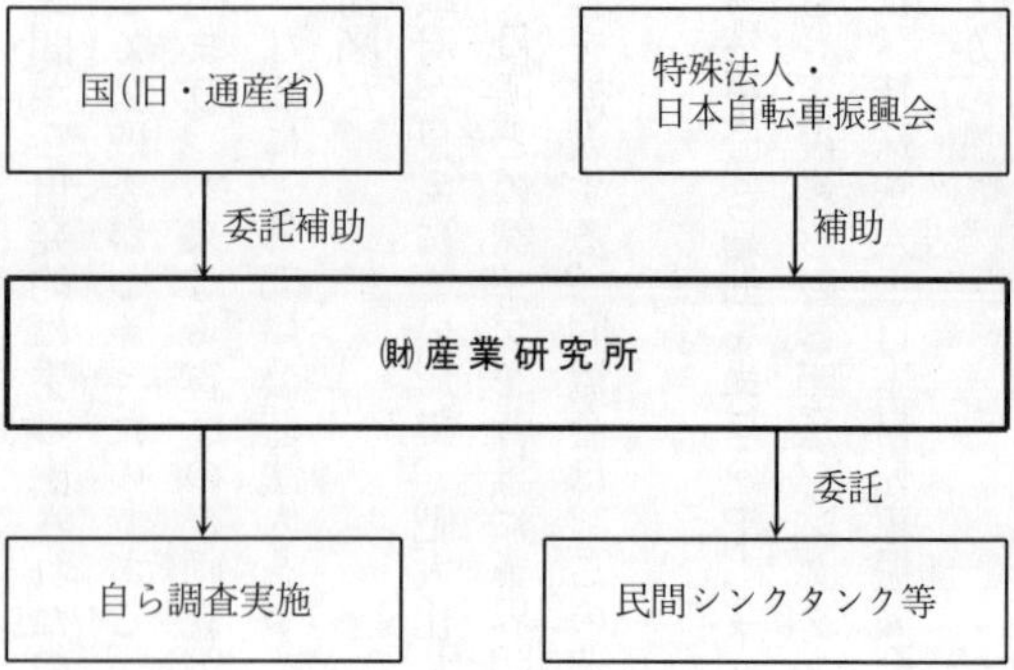

究」が過半の五〇件。内訳は「産業構造改革」「地域産業と中小企業の活性化」「エネルギー、環境問題への対応」などである。

事業案内をみると、機械産業をはじめとする産業政策にかかわる諸問題についての調査研究が目的、とある。だが、同財団によれば、奇妙なことに九九年度の事業費九億三二四七万円のうち通産省所管の日本自転車振興会から補助金として六億五四九八万円も受け取っている。さらに、その補助金の九割以上を調査研究を委託した民間シンクタンクなどに支出している。

自らも約一〇〇〇万円使って調査研究活動の一部を行っているが、調査研究テーマのほとんどは委託先の外部のシンクタンクが手掛け、報告は所管官庁の通産省に提出されている(資料16)。

委託先は、野村総合研究所、三菱総合研究所、日本総

資料17　日本自転車振興会の業務・資金の流れ

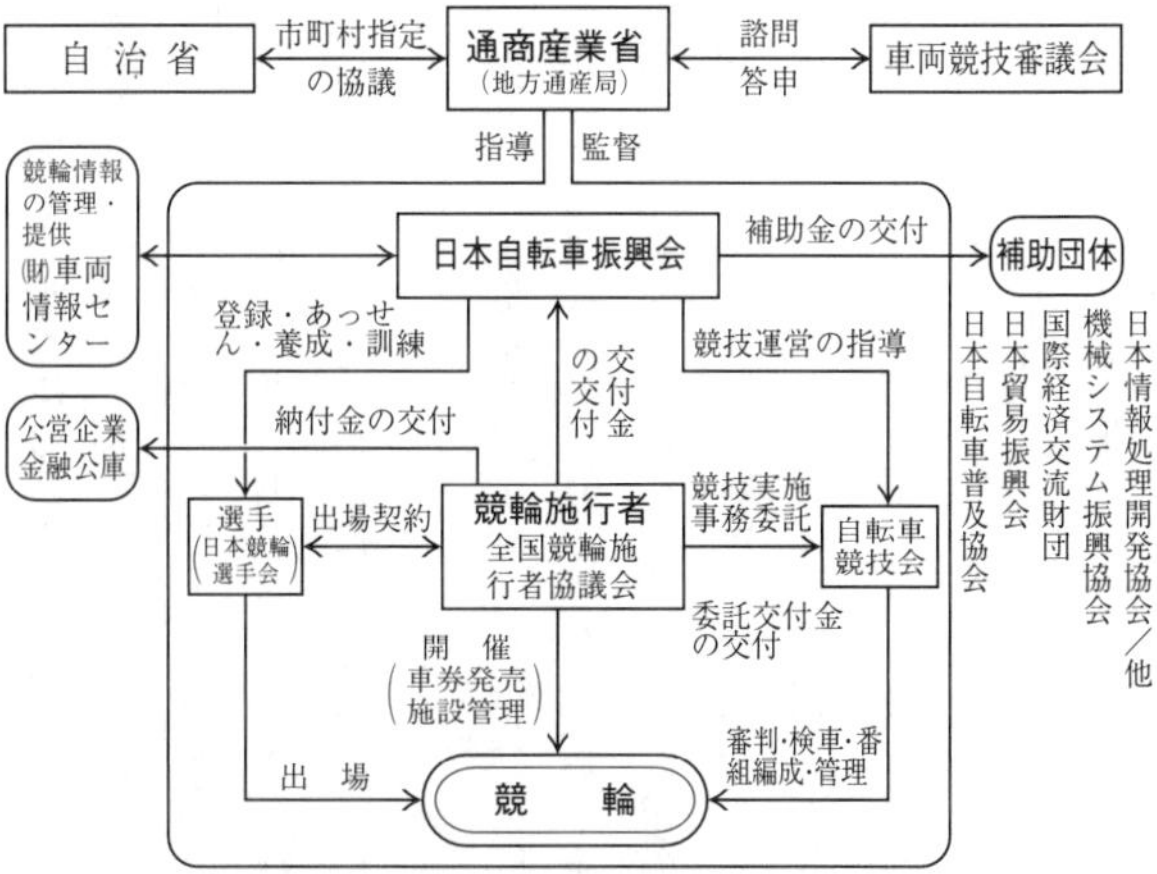

出所：日本自転車振興会のホームページに補助団体名を加筆

合研究所、日本リサーチセンター、日本経済研究所、東海総合研究所、政策科学研究所、三和総合研究所、社会経済生産性本部生産性研究所など、約七〇にも上る。

九九年度の事業実施テーマをみると、産業研究所が自ら調査研究したのは「二一世紀経済産業システムとその政策的支援のあり方に関する調査研究」「日本型経済システムに関する調査研究」など、ごく一部。残りの約九〇テーマはことごとく委託されている。

つまり、財団の事業の基本は、車券の売上金に応じて競輪施行者が日本自転車振興会に交付した金を補助金にもらい、その資金で民間シンクタンクなどに調査研究を委託して結果を通産省に報告する、というものだ。

競輪事業で稼いだカネ(一種の公的資金)が自転車振興会経由で補助金として回されるのと、民間シンクタンクへのトンネル役を引き受けているのが特徴といえる。

この資金の流れだと、国の補助金・委託費は肩代わりされるため少なくて済むことと併せ、複雑だから外部の目につきにくい。日本自転車振興会はこの補助事業(資料17)を自転車競技法という法律に基づいて行い、通産省はこの法的仕掛けを巧みに利用しているようにみえる。

同振興会の補助を受けている古顔に、財団法人「日本自転車普及協会」、特殊法人・日本貿易振興会(JETRO)、財団法人「国際経済交流財団」、同「機械システム振興協会」、同「日本情報処理開発協会」などが並ぶ。受け手の特殊法人、公益法人がこういう形で補助金をもらっている事実について、関係者以外はほとんど知らないであろう。

しかし、多額の補助金を注ぎ込んで膨大な調査研究報告を手にしながら、通産省はその成果を政策に生かしているだろうか。所管の石油公団の事業破綻は、政策の巨大な失敗を物語る。調査委託を含め政策の過程をもっと透明にしなければなるまい。

「産業研究所」は七六年に設立され、一貫して通産省直属のトンネル型シンクタンクとして機能してきた。現在の所長(常勤)は通産省OBで中小企業庁長官、日本輸出入銀行理事長を経て就任、日本貿易振興会理事も兼ねる。非常勤の理事長は慶大名誉教授が務め、理事・監事一〇人中三人が通産省OBだ。

理事八人のうち二人は、元通産省事務次官で現・アラビア石油社長と電源開発社長。監事二人のうち一人も通産省出身だ。

社団法人「日本経済研究センター」は、主務官庁である旧・大蔵、文部両省から寄付行為者の寄付金の所得控除が特別に認められる、数少ない「特定公益増進法人」に認定されている有力シンクタンク。会員制をとり、会員に講座、講演会、経済予測報告会、会報配布などの情報サービスを提供する。

二〇〇〇年九月の理事会で、新理事長に経済企画庁OBが就任、会長、理事・研究参与、理事・顧問とも経済企画庁出身者で固められ、同シンクタンクの経済企画庁色が一段と強まった。九九年度は通産省と「産業研究所」から計約一〇〇〇万円の調査委託費を受け取っている。

旧・通産省を例に挙げると、「産業研究所」のような公益法人を含め、その巨大な翼の下に数多くの関係団体を抱える。

「通商産業調査会」のホームページによれば、通産省の関係団体数は延べ一六五団体にも上る。産業界の有力団体をことごとく網羅している格好だ。

例えば、機械情報産業局関連だけでも、日本アミューズメントマシン工業会、音楽電子事業協会、日本パーソナルコンピュータソフトウェア協会、情報処理振興事業協会、マルチメディアコンテンツ振興協会、日本システムハウス協会、日本情報システム・ユーザー協会、ソフトウェア情報センター、日本情報処理開発協会などの他五七団体に及ぶ。

だが、このリストの中に「産業研究所」の名が見当たらない。元通産事務次官が会長を務めるシンクタンクで、九九年度に政府と地方自治体から合計一億五〇〇〇万円以上の調査委託費を受け取った「日本リサーチ総合研究所」も、リストに載っていない。

シンクタンクは中立的でなければならないから、あえてリストに入れなかったのだろうか。いずれにせよ、通産省の影響範囲が想像以上に大きいことが読みとれる。この広汎な〝持ち駒〟を駆使して、通産省は補助金さえも合法的にひねり出し、翼下の団体にばらまくのである。

先の日本自転車振興会は、九九年度に競輪からあげた二六〇億五七〇〇万円もの大金を補助金として二二六団体に分配している。調査研究とか技術開発が主な名目で、補助対象となった団体のほとんどは、「官」が天下る公益法人だ。

特殊法人が仮に全廃されたとしても、無数の公益法人が温存される限り「官」は容易に失地を回復できる。

7　特殊法人の事務を補助・補完

「官」の天下りの温床である特殊法人の事務を補助・補完している公益法人がある。「公庫住宅融資保証協会」がその一つ。旧・大蔵省と建設省共管の財団である。

七二年一二月に設立された。事業収入額、事業支出額とも公益法人中のトップ級だ。年間収入額でみると、五一三八億円（九八年度）と「民間都市開発推進機構」（建設・運輸省共管）の五六三七億円に次いで多い。

特殊法人との関係を掘り下げると、中央省庁―特殊法人―公益法人へと連鎖する官業の「多重構造」が浮かび上がる。そして公益法人の傘下に、子会社・関連会社が事業を請け負うケースも少なくない。

「赤字の特殊法人」対「黒字の公益法人」

同財団は、住宅金融公庫などが行う住宅融資の債務保証と債務の返済を完了する前に死亡した場合などに残債務を家族などが団体信用生命保険により一括して弁済する制度にかかわる事業を行っている。

理事長は元建設次官。住宅金融公庫総裁を経て、九七年六月に同財団理事長に就任した〝渡り鳥〟だ。

二〇〇〇年一〇月に就任した常務理事は、大蔵省官房参事官出身。同財団が大蔵・建設両省の共管であることを反映して、上級役員ポストを大蔵・建設OBが分け合う構図だ。

問題は、この公益法人が実質黒字なのに対し、業務を委託する形の親会社ともいうべき特殊法人は赤字にあえいでいるか、国から多額の補助金や利子補給を受け取っていることだ。

特殊法人の欠損や増大する公的資金の投入は国民の負担増につながるから、公益法人に生じた利益を特殊法人に還元する仕組みをつくって国民負担を減らすべきだ、という考え方が出てくる。

あるいは、業務の二重構造を解消して特殊法人本体(もしくは民営化された会社)に公益法人の業務を統合すれば、その分、特殊法人の経営悪化も相当緩和される、とも考えられる。もしくは公益法人を民営化させ、営利法人とすることで、事業を透明化し、競争原理の導入でコストダウンに結びつけられるという考えも成り立つ。

いずれにせよ、この特殊法人と公益法人の「二人三脚型」の事業形態が、全体としてコスト高と国民の負担増をもたらしていることは間違いない。

このことを示すために、同財団の関係特殊法人の一つ、住宅金融公庫を例にとってみる。財政投融資の投入先の最大口財投機関で、九九年度は財投受け入れの当初計画ベースが一〇兆一〇〇〇億円強、使った実績が七兆五八〇〇億円余り。

この差は、超低金利政策下で住宅ローンの利用者が高金利時代に同公庫から借りたローンを民間金融機関に借り換えて「繰り上げ返済」したため、使い残しが大きく出たせいだ。この繰り上げ返済による金利収入の減少とローン返済の延滞増から同公庫の経営は著しく悪化し、穴埋めのため国の一般会計から補給金約三三七六億円、交付金約二八三四億円、総額ざっと六二一〇億円を受け取っている(九九年度)。

これに対し、補完役の同財団の経営は厳しい経済環境を背景に、保証債務の履行件数の過去最高水準に達する増大、債権回収の伸び悩みにもかかわらず、九九年度の収入は支出を八三億円上回った。つまり、「特殊法人の実質赤字」対「関連公益法人の実質黒字」の構図がくっきりと浮かび上がるのである。

もう一つ、特殊法人の水資源開発公団と補助・補完関係にある国土交通省(旧・国土庁)所管の財団法人「水資源協会」を取り上げてみよう。

同財団は比較的歴史が新しく八八年の設立。ダムや用水路などの建設・管理を業務とする公団に対し、水資源開発・保全・利用に関する調査研究、国土庁などが主催する「水の日」「水の週間」の諸行事への協力と推進、水資源についての国民の関心を高めるための広報・出版活動など、ソフト面から公団の事業を支援する。ダムや堰の建設を地域住民が受け容れる環境づくりが狙いだ。公団や国土庁、建設省などから受注したり委託される調査研究が主な収入源で、九九年度は実質黒字、事業収入は二二億六八〇〇万円に上った。

この調査研究事業で役員(一〇人)、職員(二九人)の給与・報酬を賄い、国から補助金は受け取っていない。国や公団からの調査委託費は、計一億円弱。

これに対し特殊法人・水資源開発公団は、二〇〇〇年度予算で国から交付金を五四一億三一〇〇万円、補助金を三一八億三七〇〇万円受け取るほど、国庫への依存度が高い。

この公団と財団の関係も、先のケースと同様だ。国民負担の観点からすれば、双方の重層的な業務は全体として競争排除やコスト高をもたらすため、業務統合や民営化が求められよう。

財団のトップ理事三人は、いずれも水資源開発公団からの天下りOB。理事長(非常勤)は前総裁、専務理事(常勤)は業務参与OB、常務理事(常勤)は監査室長出身だ。

批判の高い特殊法人の業務の周辺にも、公益法人が根を張る。

建設省・道路公団ファミリーの暗躍

一九六五年に設立された国土交通省(旧・建設省所管)の財団法人に「道路施設協会」というのがあった。

「あった」と過去形にしたのは、建設省所管の特殊法人・日本道路公団が公団直系の道路施設協会にサービスエリアなどの管理を独占的に請け負わせ、利権を貪っていた実態が次々に明るみに出て、九八年一〇月に財団法人「道路サービス機構」と同「ハイウェイ交流センター」の二つに分割を余儀なくされたためだ。

道路施設協会は、公団から占用許可を得てサービスエリア(SA)やパーキングエリア(PA)のレストラン、売店、ガソリンスタンドなどを独占的に設置・管理していたわけだが、それを可能にしたのは一片の「建設省道路局長通達」であった。

局長通達は、局長の一存で主務大臣をも素通りして出せる。法的根拠はなく、不透明きわまりない行政の支配ツールだ。日本の行政で透明なのは、法律(議会が決める)、政令(閣議で決める)、省令(大臣が決める)、告示(大臣が決める)まで。これらはすべて国民が選んだ国会議員が関与しているのと、「官報」に掲載され、国民は何が決められたかを知ることができるためだ。

ところが、官僚は「通達」を勝手に出して、自分たちの利益に利用できる。道路サービス施設について「一括して同一の占用主体に占用を認めるものとする」とした六七年の道路局長通達は、まさにこのような官僚のツールとして使われたのである。財団・道路施設協会はこの通達で道路公団から「占用権」のお墨付きを得て、ＳＡやＰＡの独占的事業に乗り出すが、その際二つの仕掛けが使われる。

一つは、同財団が日本道路公団職員の互助会だった「厚生会」の資本を元手に設立されたことだ。そして建設事務次官か国土庁事務次官が天下る道路公団総裁の退任後に、財団理事長のポストがあてがわれた。特殊法人・日本道路公団が「資本」と「役員」を送り込んで業務を独占する財団をつくり、利益を独り占めする構図ができ上がったのである。

もう一つの仕掛けは、同財団が、自ら出資した直系の子会社・関連会社とだけ随意契約して独占的利益を山分けしたことである。

道路施設協会が先の二財団に分割される前の九七年当時、同協会の出資関連会社は実に六七社にも上った。このうち五八社の代表者が日本道路公団もしくは建設省出身者で占められ、深刻な不況にもかかわらず、独占的契約のおかげでわずか一社を除く六六社が経常利益を計上している(九六年三月期決算)。

つまり、日本道路公団が九三年以降、国庫(道路整備特別会計)からの補助金・出資金が急増大し、財投資金(郵貯、公的年金積立金、簡易生命保険積立金など)からの累積借金が当時二一兆円にも膨らんでいたのに、子会社ともいうべき道路施設協会とその関連会社は「不況どこ吹く風」とばかりに好景気を謳歌していた。特殊法人の経営は借金だらけで巨額の税金を注ぎ込んでいるのに、直系の財団とその関連会社は国民の与り知らないところで大いに潤っていたのである。

分割された道路施設協会

この道路施設協会が、世論の怒りを呼び、サービスに競争性を持たせる目的から閣議決定を受け、二つの財団に分割されて再出発を余儀なくされたのである。

その一方の「道路サービス機構」は自らを「ジェイサパ」、他方の「ハイウェイ交流センター」は「ハロースクウェア」の愛称で呼び、全国の高速道路にある約五〇〇カ所のサービスエリアを半分ずつ分けて一〇〇キロ区間単位で交互に運営することとなった。

双方とも利用者本位のサービスを強調する。だが、両財団とも高速道路のサービスエリアなどにあるサービス施設を建設・管理している事業内容自体は、道路施設協会時代と変わらない。問題は、公団一家の業務独占が改められ、サービスの業務委託で競争入札制度が導入され、公正に実施されているかどうか、である。

結論からいうと、分割の効果が現れはじめたとはいえ、なお見せかけ上の変化にすぎない可能性もある。

例えば、競争入札制。「道路サービス機構」管理下の基山《きやま》パーキングエリア(福岡県)で入札の結果、九九年四月にハンバーガー・チェーンの「ロッテリア」が、同年七月には「ハイウェイ交流センター」管理下の小谷《こたに》サービスエリア(広島県)で地元の製パン業者「アンデルセン」が焼きたてパンショップを開業している。このように新設エリアなどで新しいサービスが生まれているものの、「東名」など基幹道エリアのサービス内容に顕著な変化はまだみられない。競争入札制の効果がなお「地域限定版」にとどまっているのだ。その分、旧来の公団一家の既得権業者が甘い汁を吸っているともいえる。

両財団の体質が道路施設協会時代とさほど変わっていない疑いを抱かせているのは、常勤理事ポストをことごとく道路公団と建設省の天下り組が占めているためだ。公団OBの多くは元は建設省からの天下りだから、実態は依然、建設省の天下りの温床といってよい。

「道路サービス機構」の場合、常勤役員は理事長、副理事長、常務理事各一人及び理事四人、監事一人の計八人(非常勤役員は会長、理事五人、監事一人の計七人)。

理事長が、前道路施設協会理事長で元日本道路公団理事。それ以前に国土庁防災局長、建設省大都市圏整備局長を務めた建設省OBだ。ほかに副理事長、常務理事、理事一人も公団出身者。建設省・道路公団ファミリーが文字通り同財団を牛耳っているといえる(これを執筆していた二〇〇〇年一二月に、同財団が東京国税局の税務調査を受け、九九年三月期までの三年間で約七〇〇〇万円の所得隠しを摘発されていたことが判明している。取引先からの工事請求書を改竄《かいざん》するなどで、経費を過大に申告していた)。

「ハイウェイ交流センター」も似たり寄ったりだ。理事長、副理事長と理事五人、監事一人の計八人が常勤(非常勤役員は会長と理事五人、監事一人の計七人)。

このうち公団OBが、公団理事を務めた理事長をはじめ六人、建設省からの直接天下りが一人、常勤監事は国税庁OBと、全員が「官」関係者で占める。この旧来構造温存型の役員体制では、体質改善などおぼつかない。

特殊法人代わりの財団

文部科学省(旧・文部省)所管の財団法人「放送大学教育振興会」を取り上げてみよう。同財団は政府全額出資の特殊法人・放送大学学園が設置した放送大学が実施する放送授業の教材の作成などを行う。毎日一八時間テレビやラジオ放送で行う授業のテキスト作りという重要業務を特殊法人から委託されているのだ。特殊法人自らがなぜ、それをやらないのか?

同財団の加藤義行・常務理事はこう説明する。「放送大学の中でテキストの作成・配布をやるという初期の構想は、特殊法人の定員の枠もあって取り込めなかった。文部省も既存の特殊法人でやれる適当なところはないか検討したが、断念した。結局、最低一億円くらいの資本が必要だったが、なかったので、当初は任意団体で始めた」。

ここには、特殊法人でやるのが適当と考えたが、事情があってできず、やむなく別法人の形でスタートした、という経緯がある。結果、公益法人に行き着くが、初めから公益法人の目的意識をもっていたわけではなかった。

まず任意団体として八四年にスタートし、放送大学開講(八五年四月)後の八五年一二月に財団に変身している。自前の事業収入で事業を賄い、補助金など公的資金は受け取っていない。放送大学向けなどへの印刷教材の販売が収入の七割、ビデオ教材が同三割を占める。財団の事業収益も、在学生の増加と通信衛星を利用した全国向けデジタル放送の開始で、九八年から急伸している。この収益から教材の研究開発などに助成金も出している。

先の加藤常務理事は「放送大学側の方針通り教材を作る。財団は放送大学の仕事の請け負いをやっているのだから、大学側とは逐一連絡を取っている」と語る。発足時から現在に至るまで、財団はひたすら放送大学の業務を請け負って事業を拡大してきたわけである。

つまり、親会社に相当する特殊法人(放送大学学園)が九九年度予算ベースで国からの出資金が二億八〇〇〇万円、補助金が一一一億一七〇〇〇万円と、総収入一五〇億三一〇〇〇万円の大半を事業収入である授業料・入学料(計三六億一三〇〇〇万円)以外の「国民の税金」に頼っているのに対し、下請けの財団は収益を順調に増やしている。

特殊法人と財団の事業は一体化しているのだから、財団の利益を国民の側に還元する仕組みをつくれば、特殊法人向けの国民負担は一段と軽くなるはず。

だが、現実は利益は「見えない政府」(財団)に年々吸い取られ、国民の負担は減っていかない。

8　特殊法人が設けた施設を管理・運営

特殊法人が設置した施設の管理・運営を専ら行う公益法人もある。東京のJR中野駅前にそびえる総合福祉施設「中野サンプラザ」を管理・運営する厚生労働省(旧・労働省)所管の財団法人「勤労者福祉振興財団」がこのケースだ。

中野サンプラザの「相談センター」に置かれている勤労青少年向けパンフレット。その表紙には「目覚めよう、新しい自分」と大書してある。内容は、職場での悩みごとの相談や職業ガイダンスを盛ったもので、「専門相談」の項をみると、曜日によって弁護士とか精神科医が相談に当たる、とある。

特殊法人の不動産管理法人

「中野サンプラザ」は全国の大都市圏に展開する一五の「全国勤労青少年会館(愛称、サンプラザ)」の第一号。一九六三年に特殊法人の雇用促進事業団(現在の雇用・能力開発機構)が、勤労青少年の雇用の安定と福祉の増進を図ることを目的に設置した。

オープン当時は雇用促進事業団が直営していたが、八八年七月に「勤労者福祉振興財団」が設立され、同事業団に代わってその管理・運営を引き受けるようになる。

事業団が直営を放棄して管理・運営を財団への委託に切り替えたのは、同財団によれば、行政の事務簡素化の観点から民間への委託推進を主張した、第二次土光臨調の答申(八三年三月)が引き金になっている。

いや、実情はこの答申を奇貨として、「官」が利権追求の基地としての公益法人づくりに積極的に乗り出したふしがある。中野以外のサンプラザについても、労働省が都道府県に委託して財団法人を知事の許可でつくらせ、これらに管理・運営を任せてゆく。

したがって、勤労者福祉振興財団にすれば、「国に代わって事業をやっている」(管理部)という認識がある。だが、問題は国(政府)のやることが国民の負担を増やしていることだ。

特殊法人に対しては国から補助金などの形で多額の税金が投入されるが、その施設を管理・運営する公益法人のほうは減価償却に相当する施設の借料を特殊法人に支払っていない。特殊法人側はこの借料相当の収入が入らないことになるので、その分、国民の負担が実質的に増えることになる。

雇用促進事業団の場合、サンプラザのような福祉会館やレジャー施設を全国に相次いで建設

資料 18 「勤労者福祉振興財団」の収支状況

(百万円)

	95年度	96年度	97年度	98年度	99年度
収入合計(A)	5,377	5,098	5,319	6,741	5,160
うち長期借入収入	—	—	—	500	—
支出合計(B)	5,789	5,422	5,655	6,242	5,279
収支差額(A－B)	－412	－324	－337	499(ただし実質は－1)	－118

出所：同財団の財務資料より作成

するなど際限ない肥大化を続けて規律を失い、事業は破綻状態となった。結果、九九年の事業団廃止、新特殊法人「雇用・能力開発機構」の設立が閣議で決まっている。

これを受け、財団が事業団から毎年受け取ってきた先の相談業務などの委託費(公的資金)が九九年度から打ち切られ、財団は自立型経営への転換を余儀なくされた。

しかし、親会社ともいうべき事業団が廃止される事態に直面したにもかかわらず、財団の経営は赤字続きからなお脱け出していない。施設の借料を支払わないで済む〝特権〟も、黒字経営に転じさせるバネになっていないところが問題だ。官業特有の硬直性が力強い経営改善を阻んでいる。

財団の収支状況の推移をみると、九五年度以後、九八年度を除く毎年、赤字を計上している。収入が支出を上回った唯一の年度である九八年度も、長期借入金五億円が「収入」に含まれているためで、実質は赤字だ(資料18)。

こうして同財団は、特殊法人に施設の借料を支払わないうえに公的資金にほかならない委託費まで受け取って、なお赤字を垂れ流していたことになる。

財団の役員構成をみると、常勤が理事長、専務理事、理事一人の計三人でいずれも労働省OB（非常勤役員は理事が九人、監事が一人）。

理事長は労働省大臣官房総務審議官出身。労働省所管の財団法人「高年齢雇用開発協会」理事長を経て雇用・能力開発機構の新設と同時に九九年一〇月に就任した。年収は、昨年、経営自立化に向け一割カットして約一八〇〇万円。専務理事は福井労働基準局長の出身で、年収は約一六〇〇万円を得る。

特殊法人が設けた施設の管理・運営を行う公益法人は、「福祉」を大義名分に福祉施設や保養所、病院を持つ旧・労働省、厚生省所管に多い。そして既にみたように、業務を委託した特殊法人自体がルーズな経営から破綻同然になり、運命共同体だった請け負い役の公益法人も慢性的な経営不振に陥っている。

これら一連の経営の緩みは、国民負担の増大となってはね返る。

解決策は、特殊法人と公益法人の廃止、既存施設の売却処分、あるいは公益法人の営利企業化といったラディカルなものにならざるを得ない。特殊法人と関連公益法人を蝕む病は相当に

資料19　全国13カ所につくられたグリーンピア

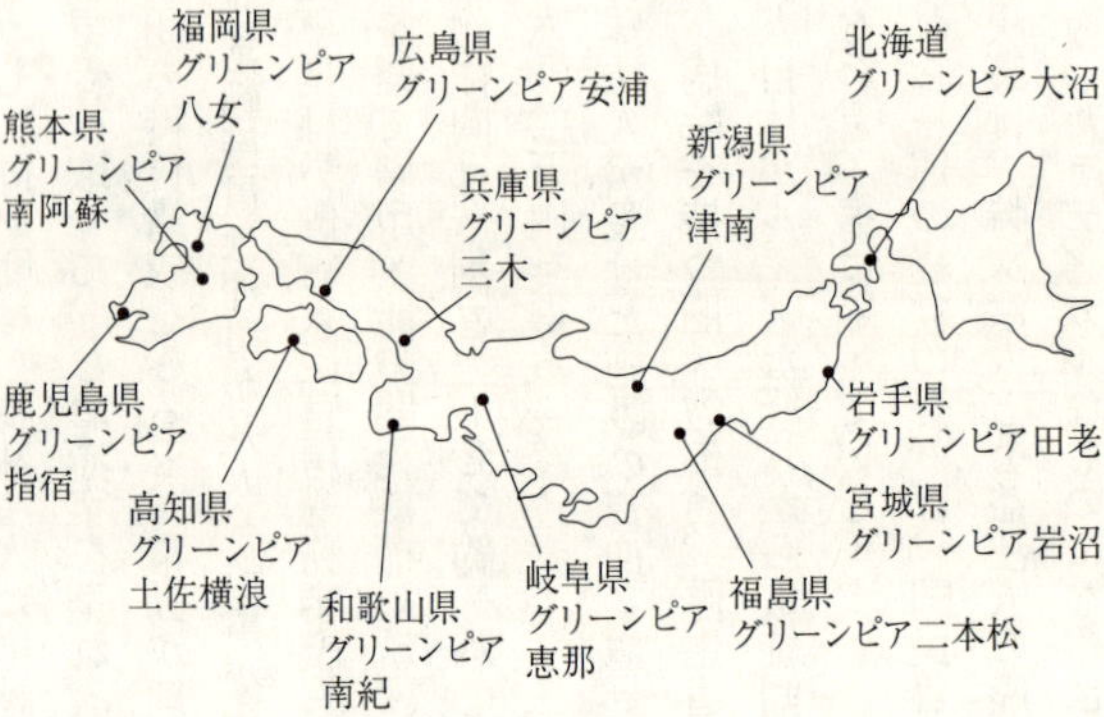

出所：年金福祉事業団

重い。

大規模保養基地「グリーンピア」を運営

特殊法人が設置した施設を傘下の公益法人が管理・運営するもう一つの例に、厚生労働省(旧・厚生省)所管の財団法人「年金保養協会」がある。

この財団は全国の大規模年金保養基地「グリーンピア」計一三施設のうち四施設の運営を厚生労働省所管の特殊法人・年金福祉事業団から委託されている(資料19)。

親会社ともいうべき当の事業団は、事業の破綻の責任を問われて二〇〇一年三月末に廃止され、業務の大部分は新設の特殊法人・年金資金運用基金に引き継がれる。

だが、厚生省は、失敗したグリーンピア事業の全廃を決め、事業団は二〇〇〇年八月、高知県内の施設(「グリーンピア土佐横浪」)の一部を地元の学校法人に売却した。岐阜県内の施設(「グリーンピア恵那」)も二〇〇〇年四月末で運営を停止した。

年金福祉事業団のホームページを開いてグリーンピアの案内をみると、次のようにある。

――「(『グリーンピア』は)厚生年金保険、国民年金保険の被保険者や年金受給者、ご家族が自然に囲まれて『ゆったり、ゆっくり、楽しく』くつろいでいただけるようにと、年金福祉事業団が設置・運営している施設です。一〇〇万坪の広大な敷地に、宿泊施設、スポーツ・レクリエーション施設等が設置され、ご年配の方からお子様まで、どなたでも楽しむことができます」。

この説明は事実に反する部分がある。事業団はグリーンピアを設置はしたが、その運営は年金保養協会と地元の自治体に委託しているのだ。九施設を委託された自治体は、それぞれの県知事が許可した公益法人に運営事業を丸投げしている。

年金福祉事業団は、理事長が前代まで五代にわたり元厚生事務次官が天下り、現理事長の環境庁事務次官も前身は厚生省大臣官房審議官という「厚生省の聖域」だ。いわば、厚生省が後述するいきさつから大規模年金保養基地を建設し、運営は自らやらずに〝身内〟の公益法人に任せたのである。

下請け役の同財団は、北海道・大沼、新潟県・津南《つなん》、兵庫県・三木、鹿児島県・指宿《いぶすき》の四施設を運営、八〇年七月の第一号施設開業以来、利用客はこれまでに計一六〇〇万人を超えたという。

だが、経営の推移をみると「グリーンピア大沼」以外は利用客は減少傾向にある。「大沼」「三木」の収支は改善方向にあるものの、「指宿」は九九年度四八〇〇万円の赤字を出し、「津南」も利益が急減している。

特殊法人と「負の連鎖」

「中野サンプラザ」の例でみたように、特殊法人には国から補助金などの形で多額の税金が投入されるが、その施設を管理・運営する公益法人は減価償却分に相当する施設の借料を特殊法人に支払っていない。年金保養協会も同様だ。

だが、借料を負担していないのに、経営は青息吐息で独立採算はおぼつかない。

年金保養協会の場合、運営に公的資金は使っているのか。

九九年度でみると、六〇〇〇万円余りの委託費を事業団から受け取り、これを老人のためのゲートボール大会などの福祉事業(二〇〇〇万円余り)のほか、運営する「年金資金運用研究センター」の委託調査(四〇〇〇万円)に使っている。

特殊法人・年金福祉事業団のほうは、グリーンピアの施設事業や年金受給者への融資事業の収支を示す「一般事業勘定」(九九年度は二四二億四九〇〇万円の赤字、累積赤字額は一五六八億四五〇〇万円)で、国の厚生保険特別会計から交付金を六四一億四六〇〇万円受け取っている。さらに大蔵省の資金運用部に預託した公的年金積立金の一部を借り入れて、運用する資金運用事業の収支を表す「資金確保事業勘定」(九九年度は二〇二億二〇〇〇万円の利益、累積赤字額は五五六八億一四〇〇万円)でも、国の同特別会計から支給された交付金は一一億六八〇〇万円に上る。

つまり、国民の巨額のカネが、特殊法人と〝下請け〟公益法人の怪しげな経営に惜しげもなく注ぎ込まれてきたのである。

特殊法人への国庫交付額は、公益法人側が借料を支払わない分、増えているといってよい。しかも、保養施設の設置により民業を圧迫することにもなる(Ⅲ12参照)。

公益法人が特殊法人の完全子会社の役割を果たしている事実は、年金保養協会の歴史をみれば一目瞭然だ。

グリーンピア構想は、七二年七月に首相に就任した田中角栄の著書『日本列島改造論』に促されて具体化し、同年八月、厚生省年金局と大蔵省理財局がグリーンピアの設置に合意している。ここにグリーンピアが関東地方になく、いずれも日本列島のへき地に建設された歴史的背景がある。

東京に一番近い「グリーンピア津南」に東京から行く場合、交通の便は車で「東京から関越自動車道で石打ＩＣより国道三五三号経由で約三時間、二一〇キロメーター」と案内にある。上越新幹線を使っても、越後湯沢駅から宿泊者専用送迎バスで約一時間もかかる。ということは、グリーンピアは時の首相におもねてつくられたもので、利用の便とか採算性は初めから度外視されたというほかない。

年金保養協会が設立されたのは、グリーンピアの実現に向け、厚生省が同年度から予算要求を出した七三年一二月。翌七四年にはグリーンピアのモデルプランを作成するよう委託され、全体の基本計画案を作成している。その後、八〇年七月に「グリーンピア三木」と「グリーンピア大沼」の運営を委託され、営業を開始した。厚生省のたくらんだ官業を運営する目的で設立され、事業団と一体化して事業を続けてきたわけである。

こうした経緯から、同財団は当初から厚生省の天下り基地だった。前理事長は元厚生事務次官、現理事長も厚生省を経て国民健康保険中央会理事長、「健康・体力づくり事業財団」理事長などのキャリアを持つ。常勤理事は理事一〇人中二人で、専務理事は厚生省東海北陸医務局長OB、常勤理事も厚生省官房付きから年金保養協会事務局長を経ている。

年金福祉事業団の廃止は決まったものの、同財団はそのまま残る。厚生年金の積立金の一部を同事業団から融資を受けて被保険者の住宅資金用に「転貸融資」する業務の旧・厚生省所管の財団法人「年金住宅福祉協会」も、同様に事業団なき後も存続する(もっとも年金住宅福祉協会の場合、設立の動機の真摯さにおいて年金保養協会とは、大きな開きがある。第一次石油ショック後しばらくは、金融引き締め下の住宅建設ブームの中で、人々は住宅金融公庫融資を求め、申し込み書配布を受けようと金融機関に行列ができるほどだった。こういう状況下で、西ドイツの財形貯蓄制度にヒントを得てミサワホーム総合研究所幹部が、「年金住宅融資制度」を思い付き、七六年一一月に財団の設立に漕ぎ着けている)。

9 「国家資格」の事務を実施する

いわゆる「指定法人」の検査・検定・資格認定の問題に移ろう。

「指定法人」とは、総務庁の定義によれば、主務官庁(または機関委任を受けた都道府県)が行政事務を行う際、個別の法令や告示、通達に基づき、法人や事業を指定し、①特定の法人に事務の委託を行う、②法人が行う特定の事業を「行政上必須の要件」と位置付ける、③特定の公共的事務を行うことに法律上の権威を与えるという「指定事業」を行う法人を指す(九七年九月発表の総務庁行政監察結果報告書より引用)。

このほか主務官庁が民間の法人が独自に行う事業を「一定の水準にある」と認めて「推薦」する場合もある。これらの法人は行政から事業を委託されたり、行政により「権威付け」されるため、行政との結びつきが強く、補助金・委託費など国から交付金を受け取ったり、天下りの受け皿になるケースが多い。

国が法令などに基づいて設けている資格制度の「資格」についてみれば、全部で二八〇資格ある(九九年四月一日時点)。また、民間が行う技能審査事業について「国が奨励すべき」としている一七三事業の「資格」を認定する認定事業者の大部分は、各所管省庁の公益法人である(総務庁行政監察局『規制行政に関する調査結果報告書―資格制度等―平成12年9月』による)。

このように国(各省庁)と公益法人が結び付く形で「資格」が張り巡らされ、その認定ビジネスが盛んなことがわかる。

「指定法人」と行政の蜜月

財団法人「テクノエイド協会」は、資格認定に係わる指定法人の一つ。義肢装具士の国家試験機関である。障害者と高齢者の福祉増進に寄与することを目的に、主務官庁の厚生省が八七年三月に設立許可している。

この種の公益法人の問題点は、①国家資格自体が「参入規制」になる恐れがある、②本来なら必要でなくなった国家資格が、法人があるために温存される恐れがある、③独占的な地位を得ることで多大な利権、過剰な利益を得ている可能性がある、④補助金など公的支援で経営を賄うため、運営に透明さが要求されるが、情報開示が不十分、⑤合理化とコストダウンがなされているか疑わしい、などである。

同財団は二つの点で指定法人中、行政との結びつきが最も強いカテゴリーに属する。

一つは、義肢装具士の国家試験を厚生省指定で実施する唯一の公益法人であること(→独占的国家試験機関)。

二つめは、福祉用具の研究開発・普及促進に対する助成を行う唯一の指定法人であることだ(→独占的助成機関)。つまり、福祉用具を扱う資格試験、人材育成、研究開発・普及のための助成、調査研究などを国から保証される形で一手に手掛けているのである。

この立場上、テクノエイド協会は厚生省と助成事業を委託する特殊法人「社会福祉・医療事業団」から補助金・交付金・助成金の名目で公費を九九年度実績ベースで計七億二二四〇万円(うち補助金は二億六五八七万円)受け取っている(資料20)。これら補助金収入などが総収入の九割近くを占める。事実上の「丸抱え法人」でもある。

この厚生省との熱い関係を反映して、総務庁が九六年八月から一一月にかけ実地調査した結果でも、兄弟関係にあった厚生省所管の社団法人に助成金を優先的に交付したり、理事一八人中一一人を厚生省OBが占めるなどの問題点が指摘された(Ⅱ2参照)。

最新状況はどうか。

事業の柱は、①義肢装具士国家試験の実施、②福祉用具(福祉機器、補装具、機能回復訓練用機器など)の研究開発助成――の二つ。国家試験は義肢装具士法により指定試験機関にされ、研究開発助成のほうも「福祉用具の研究開発及び普及の促進に関する法律」に基づいて厚生大臣から指定されている。

「義肢装具士」とは、医師の指示の下に義肢や装具の装着部位の採型、装具の製作と身体への適合を行う者で、同財団はこの資格の国家試験を年一回三月に実施している。受験手数料は厚生省が決めるが、なんと六万五九〇〇円もするのだ。筆記試験のみで、二〇

資料 20　テクノエイド協会の 1999 年度収支計算書の一部

科　　目	合計(円)
I　収入の部	
1. 基本財産運用収入	10,494,937
2. 会費収入	12,499,265
3. 事業運営基金運用収入	607,838
4. 補助金収入	16,724,000
5. 厚生省補助金収入	249,152,000
6. 交付金・助成金収入	456,528,000
7. 事業収入	63,398,698
8. 繰入金収入	607,838
9. 雑収入	6,071,014
10. 戻入益	3,334,612
当期収入合計	819,418,202
前期繰越収支差額	24,083,004
収入合計	843,501,206
II　支出の部	
1. 事業費	655,729,386
2. 管理費	120,217,729
3. 試験事業費	7,373,344
4. 講習会・認定試験事業費	23,953,952
5. 繰入金支出	607,838
6. 特定預金支出	3,136,000
当期支出合計	811,018,249
当期収支差額	8,399,953
次期繰越収支差額	32,482,957

注：補助金など国庫からの交付金が，収入全体の 9 割近くを占める．
出所：テクノエイド協会

〇〇年三月は九六人が受験して、ほぼ全員の九三人が合格している。この受験手数料だけで六三〇万円以上の収入が財団に入る仕組みだ。このような厚生省が決めた超高額の受験手数料には唖然とする。

もう一つの柱、「研究開発助成」は、助成する企業、研究機関などを同財団の委員会が公募により選考して決める仕組みで、助成費は社会福祉・医療事業団から交付され、用具の研究開発が「六千万円以内、原則二年以内」、用具に関する調査研究が「四百万円以内、一年以内」。二〇〇〇年度の助成事業予算は前年度実績(四億二三六二万円)とかっきり同額で、新規助成が二〇件。事業団の公金を使って助成事業の対象を選ぶのだから、同財団の「福祉用具開発研究委員会」のメンバーや助成対象の採用理由をオープンにする必要があろう。

厚生省からの補助金の用途としては、各種調査研究、情報システム構築のほか、全国介護実習・普及センター連絡会議の開催など。指定事業として職員五人分の給与も補助金から支払うことが認められている。同財団は寄付者が寄付金の控除を受けられる「特定公益増進法人」にも指定され、厚生省から万事、手厚く遇されている形だ。

九九年度には、福祉用具情報を全国の製造業者や輸入業者から収集して一元的にデータベース化するIT(情報技術)化に乗り出したが、データを社会福祉・医療事業団のネットワークシステム(WAMNET)に提供するなど、特殊法人との連携を強めている。

役員構成は、理事長が元厚生省社会局長、常務理事が元厚生省監査指導課長(以上常勤)のほか、元事務次官が二人、さらに元家庭局長、元医務局長と、四人の理事(非常勤)を厚生省OBが占める。

職員一七人に対し、厚生省からの天下り組を中心に理事が一八人(監事は二人)もいる。頭デッカチの多い公益法人の中でも、役員数が職員数を上回る異常ぶりだ。

国家試験の実施を独占

厚生労働省(旧・厚生省)所管の財団法人「医療機器センター」は、八八年三月に厚生大臣の指定試験機関の指定を受けて以来、臨床工学技士の国家試験の実施事務を行う唯一の公益法人だ。

臨床工学技工法一七条(資料21)が指定の根拠とされる法律だが、この法自体、同財団が指定を受ける前年の八七年六月に公布され、施行時(八八年四月)には財団は既に指定を受けていたから、同国家試験を実施させる公益法人として同財団が当初からビルトインされていたと考えるのが妥当だ。同条四には「公益法人以外の申請者を指定試験機関に指定してはならない」旨

資料21

臨床工学技士法（昭六二・六・二 法 六〇）

施行 昭六三・四・一（附則参照）
改正 平三法二五、平五法八九、平七法九一、平一一法一六〇

（受験手数料）
第十六条 試験を受けようとする者は、実費を勘案して政令で定める額の受験手数料を国に納付しなければならない。
2 前項の受験手数料は、これを納付した者が試験を受けない場合においても、返還しない。

（指定試験機関の指定）
第十七条 厚生労働大臣は、厚生労働省令で定めるところにより、その指定する者（以下「指定試験機関」という。）に、試験の実施に関する事務（以下「試

を明記してある。

こうして厚生省の指定に先立ち、前身の「医療技術研究開発財団」（七一年設立）は改編され、新しい財団「医療機器センター」が厚生省の設置した医療機器懇談会の中間報告の提言を受け、発足している（八五年六月）。

初代理事長には宇都宮敏男・東大名誉教授（現・会長）が就任した。設立趣意書には、「医療の中で医療機器の果たす役割は極めて大きなものとなっている」とし、「厚生行政との密接な連携の下で総合的な対策を推進していく必要があり、設立に至った」旨を強調している。

要するに、臨床工学技士の国家試験を同財団に独占的に実施させるシナリオづくりを厚生省が進めたのである。「臨床工学技士」とは、人工透析の際の生命維持装置を保守点検する技術者のことである。同国家試験は八八年度から毎年三月に実施され、臨床工学技士養成所など

> 験事務」という。）を行わせることができる。
>
> 2　指定試験機関の指定は、厚生労働省令で定めるところにより、試験事務を行おうとする者の申請により行う。
>
> （中略）
>
> 4　厚生労働大臣は、第二項の申請が次のいずれかに該当するときは、指定試験機関の指定をしてはならない。
>
> 一　申請者が、民法（明治二十九年法律第八十九号）第三十四条の規定により設立された法人以外の者であること。

で学んで受験資格を得た者が対象。

受験手数料は同財団の経費報告をもとに厚生省（現・厚生労働省）が決め、二〇〇〇年三月時は三万七三〇〇円。二〇〇一年三月に一九%と大幅に引き上げられ、四万四四〇〇円となる。

第一三回に当たる二〇〇〇年三月の受験者数は一一八三人、うち七七・五%相当の九一七人が合格している。合格すると厚生省に登録され、臨床工学技士の「免許」が交付される。

臨床工学技士の受験者数は、九四年以来それ以前の二〇〇〇人以上のペースから六〇〇—九〇〇人台に低迷していたが、九九年から一〇〇〇人の大台を回復するようになった。

受験手数料は厚生省が三年に一度改定し、前回九八年三月には三%幅引き上げている。二〇〇一年の一九%引き上げは、受験手数料を自ら決定できる役所の独占的地位がなければ、デフレが続くこの不況下であり得ない大幅なものだ。天下り財団の経営救済を考えた引き上げとしか思えない。

受験手数料大幅引き上げの罪

臨床工学技士法一六条によれば、受験手数料の額は「政令で定める」から、厚生省で決めた金額が閣議で承認されることになる。ならば、厚生大臣だけでなく内閣のメンバーは少なくともこの大幅引き上げの根拠が正当か問い質《ただ》すべきだったが、それを行った形跡はない。一方、厚生省は受験手数料の一九％もの引き上げは、「こういう根拠からです」と受験者側に納得のいく説明をする責任があるが、そうはしていない。

財団の事業のもう一つの柱に、研究開発事業がある。うち九七年度から実施している「高度先端医療研究推進事業」は、厚生省から毎年補助金を得ている。

九九年度実績ベースで同補助金は一億二四九五万円。これを使って、先端医療機器の研究開発をはじめ国内研究者の派遣、若手研究者の育成、外国人研究者の招聘《しょうへい》、国際共同研究などの事業を推進しなさい、というわけだ。

若手研究者の育成・派遣事業では、例えば、同財団の職員として一年間雇用し、その間先端医療研究水準の高い大学の研究室に派遣して研究に専念してもらう、といった方法もとる。

九九年度の収支計算書(資料22)をみると、当期収入が計七億三二五七万円に対し、補助金と国家試験事業収入が合わせて一億七〇一七万円、全体の二三%を占める。

他の収入源は、旧・厚生省の指定実施機関として、あるいは医学会の委託で行う資格付与の

資料22　医療機器センターの1999年度収支計算書の一部

	合　計
I　収入の部	
1 基本財産運用収入	3,979,603
2 事業収入	559,441,995
一般事業収入	323,384,895
国家試験事業収入	45,207,600
調査事業収入	190,849,500
3 研究開発費補助金収入	124,959,000
4 雑 収 入	1,080,581
5 特定預金取崩収入	43,114,841
6 繰入金収入	0
当期収入合計(A)	732,576,020
前期繰越収支差額	311,798,867
収入合計(B)	1,044,374,887
II　支出の部	
1 事 業 費	567,471,283
一般事業費	274,098,894
研究事業費	124,961,888
国家試験事業費	32,825,949
調査事業費	135,584,552
2 管 理 費	131,904,743
3 什器備品購入支出	3,143,700
4 郵便料金後納担保金支出	600,000
5 特定預金支出	36,950,574
6 繰入金支出	0
当期支出合計(C)	740,070,300
当期収支差額(A－C)	△7,494,280
次期繰越収支差額(B－C)	304,304,587

出所：医療機器センター

ための各種講習会（医療用具修理業責任技術者、透析技術認定士、呼吸療法認定士など）や調査事業など。厚生省から委託された薬事法絡みの「医療用具の同一性調査事業」では、調査手数料として一億九七〇〇万円得ている。

だが、支出総額は計七億四〇〇〇万円超と、収入を七〇〇〇万円余り上回る。二年連続のマイナス。ただし、国家試験事業は受験手数料などの収入が事業支出を一二〇〇万円以上も上回る「ドル箱」だ。

これを言いかえれば、計画通り使い切る補助金と独占的受験手数料で賄ってもなお、経営は赤字状態ということだ。二〇〇一年三月の受験手数料の大幅引き上げが、こうした緊張を欠いた赤字経営の穴埋めを図るものなら罪深い。厚生省は同財団の監督官庁として経営改善を求めずに、漫然と税金を投じてきたのではないのか。

医療機器の研究開発が、医療の発展に多大な貢献をしたことは疑いない。

問題は、国家資格の実施事務を特定の公益法人を指定して行わせる理由や交付する補助金の根拠について、厚生省は税金を使われる側の国民に説明する責任がある、ということだ。

職員はわずか二九人に対し会長、理事が二二人、監事が二人。常勤役員二人のうち理事長が元厚生省健康政策局長のほか、非常勤理事二人が厚生省ＯＢ。

自己増殖する「資格」「認定」

経済産業省（旧・通産省）と総務省（旧・郵政省）共管の財団法人「日本情報処理開発協会」は、ＩＴ（情報技術）革命が叫ばれる時代に、陽のまぶしい広場に躍り出たような公益法人である。国家試験の「情報処理技術者試験」の実施事務を通産省から指定されて独占的に行ってきた法人だが、ここにきて情報化基盤整備の促進や電子商取引（ＥＣ）の推進などの形で政府当局や企業、団体、大学、研究機関から広く協力を要請され、引っ張り凧状態になってきた。

情報処理技術者の育成を図るため、通産省が情報処理技術者試験制度を創設したのが六九年。同財団は八四年に通産大臣から法律（八五年度からは「情報処理の促進に関する法律」）に基づき「指定試験機関」に指定され、国家試験として実施してきた。

ただし、その目的は「情報処理技術者の評価に関して、客観的な尺度を提供すること」などというもので、「資格」を授与するのではない。

一定の能力水準に達しているとの「認定」を行うのである。

同試験に合格すると、通産大臣名（二〇〇一年から経済産業大臣名）の「合格証書」が貰える。これを、例えば就職希望先の企業が「技能認定」して入社試験をパスする、というふうに、情報処理技術能力に国の〝お墨付き〟を得て有利に生かせるわけである。

だから、米マイクロソフト社などが独自に行う技術者の「能力認定」と基本的には変わらないはずだが、国のお墨付きとあって人気は上昇の一途なのである(九九年は計七八万四九一二人も応募し、合格者は一二%の九万三四九二人)。

国家試験で「資格」を与えるのと、能力を「認定」するのとでは違いがあるが、共通点もある。双方とも国が法律に基づいて「資格」や「認定」を〝権威付け〟していることだ。「国の権威付け」という点では「資格」と「認定」に実質的な差異はない。

最大の問題は、官庁が国家資格や認定の試験実施事務を特定の公益法人を指定して独占的に行わせる一方、その法人に天下って実質支配し、補助金などの形で税金を注ぎ込みながら、情報公開を事実上行わないことなのだ。

国の「認定」が「資格」と同じく、それ自体、過去に必要だったとしても「いまなお」必要なものか、という疑問は残る。必要性というのは時とともに変わるからである。

しかも放っておくと、国の「資格」や「認定」は確実に自己増殖してゆく。

情報処理技術者試験の場合も、IT化時代の要請に応えて猛烈な自己増殖を始めている。同試験はスタート時は「一種」「二種」の二つしかなかったが、いまでは一種、二種試験を受け継いだ「ソフトウェア開発技術者試験」「基本情報技術者試験」以外にも、「システム監督技術者試験」「システムアナリスト試験」「プロジェクトマネージャ試験」「アプリケーションエンジニア試験」「情報セキュリティアドミニストレータ試験」など、計一三もある。

試験科目が多いため、試験は毎年四月と一〇月の二回行われ、受験手数料は全試験共通で五一〇〇円。受験申し込みはインターネットからもできる。

同財団は、九九年度に補助金を特殊法人・日本自転車振興会から一一億二八二九万円、国庫から人材研修用に五〇二五万円交付されている。このほか、政府が補正予算でＩＴ関連を増やしたため、九九年度の受託調査研究事業収入は四四八億八七一八万円にも達した。

この委託された調査研究を同財団はＮＥＣやキヤノン、松下電器産業、丸井、伊勢丹、三井物産、東レなどの企業に、例えば「サプライ・チェーン・マネジメント（ＳＣＭ）の支援」といったテーマで再委託している。

ここにみられる同財団の働きは、文字通り政府のＩＴ政策の推進役として「政府と民間側の橋渡し」をするものだ。その活動範囲と影響力は、財団の付属機関を示すホームページのリンクサイトからも窺い知ることができるが、受け取った補助金や委託費の使い途については、ホームページでは一切触れていない。

役員構成は、常勤が計一〇人。内訳は会長、専務理事各一人をはじめ、常務理事六人、理事、監事各一人。ほかに非常勤理事が七人、非常勤監事が一人。

会長は、通産省出身で経済企画庁事務次官、中小企業金融公庫総裁を歴任した。

専務理事も、通産畑を歩み、中小企業庁長官出身。常勤理事六人のうち元通産省地方通産局長が二人、元総務庁行政監察局長が一人、プロパーが三人。常勤監事は通産ＯＢと、財団の基調は通産カラーだ。

年収は理事長が二〇〇〇万円余り、専務理事が一八〇〇万円、常務理事が一五〇〇万円という。

同財団でこのほか注目されるのは、財団の事業目的(日本の情報化の発展)に賛同する企業や団体を対象に賛助会員制度を設けていることだ。年会費はひと口一〇万円で、現在一五〇社・団体が会員となっている。会員の特典は、同財団が発行する情報化白書や機関誌、調査研究成果の利用、研究会やシンポジウム、講演会への参加などである。

国家試験の独占的な実施機関に加え、時代の追い風が、財団を走らせる。

10　国の「検査」「検定」「認定」を実施する

行政と密接に結びついている公益法人に、「検査」「検定」「認定」などの指定機関がある。事実上の「官業」というべきものが多い。

経済産業省(旧・通産省)所管の財団法人「日本規格協会」は、法令により定められた基準に適合しているかどうかの「検査」などを、指定を受けて実施する代表的な公益法人である。戦後まもない四五年一二月の設立。ＪＩＳ(日本工業規格)の普及事業で知られるが、近年は国際標準化活動にも力を入れ、ＩＳＯ九〇〇〇シリーズやＩＳＯ一四〇〇〇シリーズの審査登録事業なども進める。

日本規格協会は、ＪＩＳに関して絶大な権限を持つ。工業標準化法に基づき旧・通産省から指定を受けた「指定検査機関」として、ＪＩＳマーク表示認定工場に対し「公示検査業務」を実施するだけでない。同法に基づく「指定認定機関」の指定を受け、「ＪＩＳマークの認定」業務も行う。

つまり、「指定検査機関」であると同時に、「指定認定機関」でもある。公示検査機関数は二〇〇一年一月時点で、財団法人「建材試験センター」、同「日本品質保証機構」を含め全部で一七機関。「指定認定機関」のほうは、先の日本品質保証機構、財団法人「日本建築総合試験所」と合わせ計三機関。これらの中心部に、日本規格協会が位置するのは言うまでもない。

不透明な補助金ルート

国の委託費や補助金の関係はどんなか？

国から委託費を受け取る受託事業について、同財団はホームページなどで一部、情報公開している。例えば、大元締めの旧・通産省工業技術院(現・産業技術総合研究所)と一体化しつつ、「下請け」しているＪＩＳ原案作成事業の概念図である。情報技術標準化などの調査研究の受託事業では、工業技術院が調査項目を決め、同財団はこれを受けて自分で調査する分と再委託するアウトソーシング分とに分ける。

国からの委託費は、九九年度実績で八億四六〇〇万円、二〇〇〇年度計画ベースで九億七二〇〇万円。国際規格の共同開発なども委託事業に含まれる。先の国からのＪＩＳ原案作成の委託事業では、ホームページ上で「平成一一年度国費委託によるＪＩＳ原案作成」という見出しで、「規格名称・テーマ」「再委託先団体名」を示す一覧表が掲載され、全体像がわかる。

ところが、「補助金」となると、同財団の口は堅くなる。九九年度の「補助金等受託収入」は一四億八七〇〇万円。二〇〇〇年度計画ベースで、八億四三〇〇万円。

補助金の存在自体、筆者は財団の収支計算書をみせてもらうまでは、てっきりないものと思っていた。それまで広報室は質問に対し「補助金は貰っていない」と明言していたからだ。確かに「国から」は貰っていなかったが、日本自転車振興会などいくつもの特殊法人や公益法人から受け取っていたのだ。

のちに明らかになったところでは、九九年度の補助金の主な出し手は、次の通りである。

特殊法人・日本自転車振興会

特殊法人・新エネルギー・産業技術総合開発機構（ＮＥＤＯ）

公益法人・日本機械工業連合会

特殊法人・国際協力事業団（ＪＩＣＡ）

この四法人の三つまでが特殊法人、一つが公益法人である。

日本規格協会は、「補助金等受託収入」をこのほかにも「ロシア東欧貿易協会」「国連開発機構」「海外貿易開発協会」「国連開発計画」「宇宙開発事業団」などから受け取っている。ところが、これらの記述は、ホームページにも会社案内パンフレットにも一切ない。

広報室は「数字などの内訳はいえない」という。

同財団によれば、これらの補助金をIEC(国際電気標準会議)活動の推進会議に入会している法人会員(五八社、会費収入約八九〇〇万円)向けなどに国際標準化事業や調査研究に使ったというが、説明が明確でない(九九年度の当期収支は二億円余りの黒字)。

特殊法人は政府系機関としてどれも国から補助金などの形で公的資金を受け取っている。したがって、特殊法人から得る「補助金」の一切は、公的資金にほかならず、同財団はこの資金の金額、性格、流れなどを情報公開するのがスジだが、肝心の情報をブラックボックスに閉ざしたままなのだ。

同財団の役員は会長一人、理事一七人、監事二人。常勤は理事長、専務理事、理事四人と監事一人の計七人。うち通産OBの常勤役員は四人で、トップ二人の最終官職は理事長が元大臣官房審議官、専務理事が元環境庁長官官房審議官。

この種の法人は、独立行政法人化による事業の透明化をまず考えるべきであろう。

パチンコの型式試験を独占

警察庁所管の財団法人「保安電子通信技術協会」は、パチンコの型式試験を独占的に行う指定法人である。都道府県公安委員会の委託を受け、国が定めた技術上の規格に照らしてパチンコが適当に稼働するか、を調べるためコントロール・プログラム解析などの型式試験を行う。「指定試験機関」に法律に基づき指定されたのは同財団設立三年後の八五年二月。根拠法は「風俗営業等の規制及び業務の適正化等に関する法律」第二〇条五項。それには、国家公安委員会規則で定めるところにより、認定または検定に必要な試験の実施に関する事務の全部または一部を、国家公安委員会があらかじめ指定する公益法人に行わせることができる旨、書かれてある。

同法の認定・検定に関する規則が告示されたのが、同財団が試験機関に指定されたのと同じ月だから、所管官庁の警察庁は初めから同財団を指定する計画だったとみてよい。しかも以後、型式試験の実施事務についてはすべてを同財団に委託している。

九九年度の「試験事務特別会計」の項目をみると、この型式試験で年間一〇億六〇〇〇万円以上の収入を上げている。

これは予算額を二億近く上回り、「一般会計」に計上されたコンピューター犯罪防止などの研究開発や調査研究の受託事業収入全部を合わせたより数倍多い。型式試験の収入増のおかげで、財団の年間収入が支出をほぼ二億円上回り、財団の正味財産も一三億円以上増えた。

この年、パチンコの型式試験を二六六機種行い、「適合が一七七機種、不適合八九機種」という試験結果を出している。

検査は「一〇時間の試射」を規則で義務付けられている。

試験手数料は都道府県条例で決められ、一つの型式試験当たりパチンコ五台が検査されて、マイクロプロセッサー内蔵式パチンコだと一五二万四二〇〇円(全国共通)もする。財団は補助金や委託費は受け取っていない。

もう一つの収入源である警察庁からの調査研究などの受託収入は、先方との個別契約で受注したもので、競争入札から多くの収益は期待できない。つまり、収入の大部分を今後も、型式試験手数料と試験結果通知書の交付手数料で賄わざるを得ない。

こういう警察依存型の公益法人だから、当然、警察OBが役員の中枢を占める。

役員は会長のほか理事一一人、監事が二人。うち会長(非常勤)が元警察庁長官。

常勤役員は専務理事一人、常務理事二人の計三人で、いずれも警察庁高官OBだ。専務理事が元通信局長、常務理事が元東北管区警察局長、常務理事が元警察大学付属警察通信学校校長。

このほか非常勤の監事二人も身内の元警察高官が占める。財団の内部チェック機能は到底期待できない。

型式試験の簡素化・公開入札制の導入とともに、同法人の営利法人化を考えるべきであろう。

公益法人の必要性がない競争型検査機関

厚生労働省(旧・厚生省)所管の社団法人「日本食品衛生協会」。食品衛生法、薬事法、水道法に基づき食品などの試験検査を同社団の検査施設「食品衛生研究所」で実施してきた厚生大臣の「指定検査機関」だ。食品衛生法が制定された翌四八年に設立された。

「基準会員(社員)」は一三〇万三〇〇〇社以上と、社員(社団法人格の基礎となる構成員)数が一番多い社団法人である(以下、多い順に「日本看護協会」「青山学院交友会」と続く)。

検査機関といっても、検査の数値を出すだけで「評価」はせず、「合格証」の類いを出さないのが、同社団が行う検査の特色だ。

例えば、紙コップに有害物質が含まれているかどうか検査してほしい、と依頼されたとする(検査は法律で義務付けられている)。同社団は検査をして結果を依頼先に通知するが、その際「評価」は加えない。ただ「検出せず」とか「$x$ppm含まれている」などと答える。細菌検査であれば、大腸菌が検出されたら単に「プラス」と答える。

ただし、食品衛生法に基づく厚生労働省の指定検査機関といっても独占的機関ではない。全国で計六四あるうちの一つだ。

その中で同社団は、この「評価せず」式の検査法で食品や飲料水、食品添加物の規格試験、微生物試験、食品中の残留農薬試験、栄養成分分析など、幅広く手掛けてきた。

結果、九九年度の製品検査実績一七二件を含む検査手数料収入は三億八八〇〇万円余り。各種検査手数料料金について、同財団は他の検査機関との競争を理由に、明かせば不利になる、と情報開示を拒否した。

これに対し厚生省からの九九年度の補助金総額は一億三四六三万円、委託費が三三九六万円。補助金の内訳は、食品衛生指導強化費や外国人研究者の招聘事業向けなど。同社団は一九六〇年から食品衛生指導員制度を設け、全国の約六万五〇〇〇人のボランティア指導員が地域の飲食店などを回って食品の衛生管理を指導しているが、この指導経費が含まれる。

委託費は、食品の安全性を巡る相談事業や発展途上国の食品衛生行政専門家の研修事業向けなど。補助金・委託費とも、依然として既存事業向けのバラマキ型で、食品衛生管理や検査の改革に向けた新しい発想に欠ける。

同社団は職員数七二人に対し役員が六九人もいる。これは全国に支部が五七あり、それぞれの支部長ポストに理事を置いているせいでもある。

結果、厚生省ＯＢは計五人と相対的に少ない。ただし、常勤理事五人のうち、最上級の副理事長・専務理事は元厚生省生活衛生局長。

同社団は、指定検査機関として既に競争状態にあるのだから、公益法人である必要はない。営利法人化すべきであろう。

ＪＩＳやＪＡＳ（日本農林規格）に象徴される「規格」や「品質表示」に加え、法令や規制により定めた「検査」や「検定」「認定」――これらは「官」が所管の公益法人を動かして自らの許認可権限と利権を積み上げる「装置」になる可能性が、前述した事例から垣間見える。

煩雑に過ぎる「検査」や「認定」「表示」手続きは、業者にコスト高と手間をもたらし、意欲を冷やして生産性を阻害する。「果たして本当に必要な規制かどうか、行き過ぎていないかどうか」が問われる。

他方、それは貿易相手国からみれば市場開放に逆行する非関税障壁となる。「検査」の類いは、いまはことごとく廃止もしくは簡素化し、検査機関は営利企業化する時期に来たのではないか。国はグローバルな市場開放の観点からせいぜい最小限必要な基準あるいは原則を決める、これに沿って業者が自らの責任で製品の安全性などを自己認証していく――そういう形が、二一世紀にふさわしいのではないだろうか。

11　公益法人の「資格」を国が認定

次に、公益法人が実施する「資格」などを国が「認定」するケースを取り上げてみよう。ここでは国の行き過ぎた権威付け、〝過剰関与〟ぶりが明らかになる。

文部科学省(旧・文部省)所管の財団法人「日本英語検定協会」は、「英検」(実用英語技能検定)の試験実施機関として知られる。

「英検」に人気集まる

一九六一年、社会教育審議会が文部大臣に対し、「青少年および成人に学習目標を与え、意欲を高める意味で技能検定が必要である」旨の答申が出されたことが発端となった。これに呼応する形で、六三年四月に当時「豆タン」の発行者で知られた赤尾好夫・旺文社社長が私財を投じて同財団を設立している。

翌年に東京オリンピックを控え、国民の間に国際化への熱意がみなぎっていた。設立直後の同年八月には、第一回「英検」一級、二級、三級が全国四九都市で実施され、約三万八〇〇〇人が受験している。

現在は副会長などに元文部事務次官が天下っているが、財団の設立当初は役員に文部省ＯＢはいなかった。

「英検」は「実用英語」(プラクティカル・イングリッシュ)の技能が基本だから、「特に口頭で表現できること」に能力審査の力点が置かれている。

このため、発足当初からリスニングテストと面接形式によるスピーキングテスト(一級から三級)を実施し、「読む・書く・聞く・話す」の四技術について測定している。

コミュニケーションのできる英語を重視する方針のせいで、「学校英語」の読み・書き偏重に比べ、はるかにバランスがとれている。例えば「コミュニケーションを積極的に図ろうとする態度」を「アティチュード」として評価する。

このことが、長い年月にわたって人気を保ち、これまでに五七〇〇万人以上の受験者を集め、最近五年間をみても毎年三〇〇万人以上を引きつけた理由だ。九九年度には受験者が最も多い三級で、最年少で四歳の幼児、最年長で七七歳の合格者が出ている。

「英検」は高度の一級から初級の五級までランクが設けられ、一級と二級の次のレベルに

「準一級」「準二級」がある。検定料は一級が五五〇〇円、二級が三五〇〇円、三級が二〇〇〇円。年三回実施され、各一次・二次試験を経て、検定の合格者には「合格証書」が交付される。一次試験は筆記とリスニング。二次になると、例えば一級は外国人と日本人面接委員各一人がペアで個別に面接し、五つのトピックから一つを選び、二分間のスピーチをし、このあとQ&Aを行う、といった内容だ。

こうした実用本位の「検定能力」が評価され、同財団によれば、上場企業は入社試験の際の英語の能力審査で自ら実施するペーパーテストに次いで「英検」などの資格を重視している(九五年実施の上場企業一〇〇社のアンケート調査結果では、「ペーパーテスト」による英語力の評価が四六%、「英検などの資格」で評価が四三%、の順)。

文部省が「認定」を格上げ

この「英検」を文部省が「文部省認定の技能検定」と定めたのが、六八年二月のことである。大学紛争で揺れたこの年に、文部省は「社会教育上奨励すべきもの」として、「文部省認定」に踏み切った。

さらに、二〇〇〇年四月には、それまでの「告示」を根拠にしていた認定を、文部大臣自ら

資料 23 「英検」の認定申請様式

技能審査認定申請書

年　月　日

文部大臣　殿

申請者の事務所の所在地
申請者の名称
代表者氏名

下記の技能審査について、認定を受けたいので、別紙書類を添えて申請します。

記

技能審査の名称

出所：官報(号外第 60 号)

が発する「省令」に〝格上げ〟している。

この省令は中曽根弘文・文部大臣名で「青少年及び成人の学習活動に係る知識・技能審査事業の認定に関する規則」として定められた。

内容は、第一条に「文部大臣は、青少年及び成人の学習意欲を増進し、その知識及び技能の向上に資するため、これらの者が習得した知識等の水準を審査し、証明する事業のうち、民法第三十四条の規定による法人（筆者注――公益法人を指す）その他の団体の行う事業であって、教育上奨励すべきものを認定することができる」とある。

続いて第二条で、認定を受けようとする法人は「その名称、事務所の所在地、代表者の氏名及び認定を受けようとする技能審査の名称を記載した技能審査認定申請書を文部大臣に提出しなければならない」と義務付けている。

申請の様式も別記され(資料23)、この様式を踏まえて申請するようにと、用紙の大きさ(A4判)まで決められている。

ここに問題がある。公益法人の実施する「資格」を、国がどうして「認定」する必要があるのか。

「資格」の意義と実績を認めるのは関わりのある「市民社会」の側であり、認めれば受験者の増加をもたらして「英検」事業を発展させ、逆ならば事業の衰退を招く。国が直接関与する理由はないはずだが、「英検」のように社会からその意義が広く認められるようになると、国が「認定」に乗り出し、「認定を受けたければ申請するように」といって申請書の所定の様式まで示す。——ここには国が民間の「資格」を権威付けるという「お上」の発想と権威主義がある。国がそこまで関与する必要があるのか、明らかに「国の関与」の行き過ぎであり、関与を取りやめるべきであろう。

しかし、同財団が「文部省認定」を受けた結果、国の権威付けを背景に事業に追い風を受けたのは言うまでもない。

九九年度の事業総収入は七三億三〇〇〇万円、うち検定収入がほとんどの七一億五〇〇〇万円を占める。公的資金は受け取っていない。

役員名簿をみると、理事は一一人、監事が二人。常勤は専務理事一人。うち副会長・理事と監事とも元文部事務次官。理事一人も文部省からの天下りだ。

介護サービス支援の「政府子会社」

厚生労働省(旧・労働省)所管の財団法人「介護労働安定センター」は、高齢化社会の到来で需要が高まる介護サービス技能を養成する「講習」を、国の独占的な指定法人として実施する。その中にはホームヘルパーの「資格」を与える「講習」もあり、同法人の支部が四七都道府県知事の認可のもとに「資格」を修了証書の形で交付している(資料24)。

問題は、①こうした国の優遇措置を受けた官製の「資格」が、民間の介護サービス業者・団体の活動を圧迫したり、冷やしたりする恐れがある、②同財団の常勤役員(四人)、職員(四八〇人)の人件費まで国が面倒をみている、つまり「国民の負担」で丸ごと賄われていることだ。

同財団は、労働省所管の公益法人として九二年四月に設立された。同年七月に施行された「介護労働者の雇用管理の改善に関する法律」をにらんで、介護労働者の支援機関として立ち

資料24　ホームヘルパー養成講習の修了証書

第　　号

修了証書

氏名

生年月日

あなたは東京都ホームヘルパー養成講習(厚生省の定めるホームヘルパー養成研修)2級課程として東京都知事が指定した講習を修了したことを証します

年　月　日

財団法人　介護労働安定センター
会　　長　竹田晴夫

出所：介護労働安定センター

上げる狙いからである。

出生以前に「労働省の現業部門」と運命付けられていたわけだ。これでは実質的に「政府の子会社」であって、「民間法人」とはいえない。

こういう生い立ちだから、同法に基づく労働大臣の指定法人として、同法が改正施行された二〇〇〇年四月以降、介護保険制度の開始などに伴い同財団の事業範囲は急拡大し、介護全般に及んでいったのも自然の成り行きだった。

すなわち、「介護人材の確保」

「介護雇用管理」の各助成金と「介護能力開発給付金」「介護雇用環境整備奨励金」の四種からなる介護雇用創出助成金制度の実施、さらにホームヘルパーの講習を含む介護サービスの教育訓練などの大規模な実施が推進されるようになる。

同財団のホームヘルパー養成制度は九三年から失業者やケア・ワーカーを対象に実施され、即戦力になるとして事業主が求める二級と三級の「資格」を与えられる。例えば、東京で養成講習を一三〇時間受講した人は「二級課程として東京都知事が指定した講習を終了したことを証します」という文面の修了証書を同財団から貰える。

試験はなく、一定期間受講すれば、「資格」が得られる。受講は無料。二級が「一三〇時間」なのに対し、三級は「五〇時間以上」講習を受ければよい。

さらに、ホームヘルパー養成制度とは別に、「介護支援専門員」の養成を目指す実務研修もある(受講時間三〇時間以内)。九九年度はホームヘルパー二級の「資格」を約一万一六〇〇人が、三級を約七九〇〇人が取得している。

介護サービスは従来、主に家政婦紹介所のケア・ワーカーが行ってきたが、ケア・ワーカーの就業の安定化や、家政婦紹介所の在宅介護サービス請負事業への転換支援なども推進する。

その意味で、介護サービスを受ける側にとって頼もしい存在に違いないが、官業として国民の税金を原資に活動するからには、事業と財務内容の情報公開、とりわけ政府交付金の使途についての透明性が欠かせない。同財団に対しては、透明性の高い「独立行政法人」への脱皮をまず考えるべきであろう。

常勤役員の四分の三が天下り

改正法の施行に伴い、二〇〇〇年度から介護労働者を雇ったり、仮眠所の設置など雇用者の労働環境を改善するような場合、各種助成金が出される。

介護サービス労働者の雇用創出を図る狙いからだが、この助成金制度により同財団は二〇〇〇年度に政府交付金を前年度実績比六六％増の一〇〇億九六〇〇万円受け取ることになり、二〇〇一年度には一三五億二六〇〇万円に急増する(計画ベース)。

九九年度の収支状況をみると、収入計六六億五七〇〇万円のうち、政府交付金など国からの収入が九一％の六〇億八七〇〇万円(資料25)。森俊男・専務理事がいみじくも言うように「ほとんどが国の事業で、全体の予算が労働省の監督下にある」。

この国庫収入から、先のホームヘルパーなどの養成に向けた講習、研修のほか、役員や職員の給与、インストラクターの給与も賄われる。

資料 25　財団法人介護労働安定センター収支状況推移表

（年度，百万円）

	1995	1996	1997	1998	1999
I 収入の部					
1 基本財産運用収入	1				
2 賛助会員会費収入	2	2	3	3	3
3 事業収入	39	50	120	235	244
4 政府交付金等収入	4,439	5,789	6,328	6,631	6,087
5 福祉共済掛金収入	500	363	331	315	307
6 雑 収 入	23	20	20	17	16
当年度収入合計(A)	5,004	6,224	6,802	7,201	6,657
前年度繰越額	128	179	163	205	226
収入合計(B)	5,132	6,403	6,965	7,406	6,883
II 支出の部					
1 運営管理費	1,757	1,406	1,558	1,762	1,860
2 事業費等	3,196	4,834	5,202	5,418	4,785
当年度支出合計(C)	4,953	6,240	6,760	7,180	6,645
当年度収支差額(A－C)	51	16	42	21	12
次年度繰越収支差額(B－C)	179	163	205	226	238

注：それぞれの金額は四捨五入により出したものである。
出所：介護労働安定センター

自前の収入は講師のテキストの販売(一億四四〇〇万円)や福祉共済掛金収入(三億七〇〇〇万円)など、ごく一部にすぎない。つまり、事業は事実上、「国におンブにダッコ」なのである。

役員体制は、会長一人、理事が一一人、監事が二人。うち常勤役員は理事長、専務理事、常務理事、監事各一人の計四人。

この中で、理事長が元労働省の大臣官房審議官→職業安定局次長→特殊法人・雇用促進事業団理事→介護労働安定センター理事長の〝渡り鳥〟コース。専務理事は労働省労働事務官として東京都職業安定部長職に就き、都知事の指揮下に入ったあと同財団に天下った。

事業内容をチェックする役割の常勤監事も身内OBの元長野労働基準局長。常勤役員四人のうち三人が労働省出身だ。

こうした「労働省の聖域」とあって、同省が決める役員の待遇は経営が「お国任せ」で自助努力を要しないにもかかわらず、手厚い。

理事長の年収が一九〇〇万円、専務理事が一八〇〇万円、常務理事一五〇〇万円、監事一五〇〇万円と「高原型」体系となっている。

12 「特権」公益法人

公益法人として、そもそも適当でないものがある。その典型例が、〝公共の宿〟を営む「公益法人」と、国の職員の互助会、共済会にほかならない「公益法人」である。いずれも設立許可権を持つ「官」が、自身の特権を利用して自らつくった「特権」公益法人だ。

国立公園の規制地域で保養事業

まず、前者の代表例として国立公園・国定公園の地域内に宿泊・リクリエーション施設をつくり、「低廉な料金で」(事業方針)利用に供している環境省(旧・環境庁)所管の財団法人「国民休暇村協会」を取り上げよう。

同財団は環境庁設置(七一年七月)以前の六一年一二月、「国民の自然公園利用と保健休養」を目的に厚生省の主導で設立された。

当時、年金福祉事業団の設立と時を同じくしていたため、厚生省部内で「事業団は特殊法人で、休暇村は財団法人でいこう」という話になり、具体化に向かう。

双方のプランの根底には、国民の年金積立金を財源にしよう、という発想があった。同財団の場合、年金福祉事業団から年金資金を原資にした融資を受け、国や県から無償か極めて安く土地を借りて施設づくりに乗り出す。事業団が経営する大規模年金保養基地「グリーンピア」を同業としてうらやましい思いで見ていた、と同財団幹部は回想する。

現在、休暇村は全国に三六施設もある。基準料金は一泊二食で八五〇〇円。パンフレットには「休暇村はすべてが国立公園または国定公園の中に立地。快適な宿泊施設を中心に、豊かな自然と総合レクリエーションエリアが広がっています」とある。

公園行政を担当する環境省の指定する「特別地域」に主務官庁から施設づくりが次々に認められる。しかも料金は低廉とあって、民間旅館業者は当然、反発を強める。例えば、休暇村「陸中宮古(岩手県)」の場合、「和室Tタイプ」で「四名利用」の部屋なら、大人の室料は一人当たりわずか三五〇〇円、「二人利用」で同四五〇〇円。サービス料はつかない。夕食に「牛ステーキコース」を注文すると二五〇〇円、朝食は大人一〇〇〇円。「ふるさと自慢」の産品を全国の休暇村から届け先まで配送する「Qパック」と呼ぶサービスもある。

「特別地域」は環境大臣の許可を得なければ、広告の看板も設置できない規制区域だ。全国旅館三団体(日本観光旅館連盟、国際観光旅館連盟、全国旅館環境衛生同業者組合連合会)が「民で出来ることは民で」と過去に再三、公的宿泊施設の新増築禁止の閣議決定を迫ったのも、ひしひしと休暇村など〝公共の宿〟による「民業圧迫」を実感したからであった(資料26)。しかし、これまでの効果がなかったため、同様の趣旨で閣議決定が改めて二〇〇〇年五月にも、行われている(資料27)。

ところが、民間の旅館業者のムードを逆なでするかのように、二〇〇〇年七月には「休暇村・富士」がオープンした。

財団のホームページによれば、鉄筋コンクリート造りの五階建てで洋室四〇室、和室二〇室

資料 26

陳情書

公営宿泊施設等の風俗営業を止めさせて下さい。

国・特殊法人・認可法人・地方公共団体等が設置し、運営している宿泊施設において、風俗営業許可を取得し、コンパニオン等の入った宴会がなされています。風俗営業許可を返上するようにして下さい。

【理由】

◎公営宿泊施設は宴会をするのが目的ではないはずです。

世界に例をみない日本の公営宿泊施設は益々肥大化し、本来の目的を逸脱し、民間施設並に『風俗営業許可』を取り、堂々とコンパニオン入りの宴会を行っています。

◎民業を圧迫し、旅館業を苦しめています。

税金等公的資金で建築し、人件費の負担や免税・税の低減等がある公営宿泊施設は民間と比べ格段に安い宿泊料金を設定し、旅館経営を圧迫しています。

不況による低価格指向のお客様は公営宿泊施設を選ばれる事が多くなってきており、旅館経営は不公平な競争に苦しんでおります。従業員の雇用問題にまで及んでいる例もあります。

◎税金等公的資金の無駄遣いです。

約 3000 の公営宿泊施設の選定で毎年 1 兆円の税金等公的資金がつぎ込まれています。

簡易保険特別会計・雇用保険特別会計・厚生年金特別会計等の特別会計から支出されている公営宿泊施設に対する建設や赤字補塡の為の出資金は事実上焦げ付いている場合も多くあり、国民の財産を食いつぶしています。

◎閣議決定されています。

累次の閣議決定で新設が禁止されているにもかかわらず、いまだに豪華な施設が次々と出来ています。閣議決定を遵守し、新設を止めさせて下さい。

平成 11 年 7 月

全国旅館政治連盟　公営宿泊施設等対策本部長　針 谷　了

資料27

民間と競合する公的施設の改革について

(平成12年5月26日
閣　議　決　定)

国又は特殊法人等が設置主体となる公的施設(会館、宿泊施設、会議場、結婚式場、健康増進施設、総合保養施設、勤労者リフレッシュ施設その他これらに準ずる施設で、特殊会社及び民営化が決定された法人が設置するものを除く。以下「施設」という。)について、累次の閣議決定に沿った措置を引き続き推進することとし、下記のように決定する。

記

1　施設の新設及び増築の禁止

不特定の者が利用し得る施設の新設及び増築は禁止する。なお、現在、計画段階にあり、工事(設計を含む。)未着手のものについては、これを取り止める。

2　既存施設の廃止、民営化その他の合理化措置

官民のイコール・フッティング(税制を含めた同一競争条件の確保)の観点から、施設ごとの独立採算制を原則とし、一定の基準に基づいて個々の施設ごとに企業会計原則に準ずる特殊法人等会計処理基準により経営成績等を明確にし、早期(5年以内)に廃止、民営化その他の合理化を行う。

3　地方公共団体における措置の要請

地方公共団体についても、上記の措置に準じて措置するよう要請するものとする。

注：下線は筆者による．再三にわたる閣議決定にもかかわらず，実効が挙がらないため今回の措置となった．

の客室を備えるほか、レストラン、レセプションルーム、サウナ付き展望大浴場、ラウンジ、コインランドリー付きと豪華版だ。

財団に公的資金はどの程度入っているのか？

奇妙なことに、同財団は赤字経営(九九年度)で、累積欠損を一一億円超も抱えるのに、国から助成金は受け取っていない。施設づくりをどうやりくりしているかというと、「施設助成金」の名義で国からではなく、主に事業団からの借り入れ(九九年度一一億五〇〇〇万円)のほかに、オートレースや宝くじの収益金から多額の施設建設費が寄贈されているのだ。

九九年度には特殊法人・日本小型自動車振興会から三億四〇〇〇万円弱、財団法人「日本宝くじ協会」から二億一〇〇〇万円、「車両競技公益資金記念財団」から一四〇〇〇万円余りを贈られている。

宝くじ協会を例にとると、発売する宝くじについて「その消化額の二％」に相当する金額を原則的に「公益法人または地方公共団体」に助成金として交付することを決めている(資料28)。「民業圧迫」を続ける休暇村が累積赤字なのに施設を新増設できるのも、こういうカラクリがあるためだ。だが、オートレースにしても宝くじにしてもその収益金は一種の「公的資金」なのだから、それが民業を圧迫する公益法人の活動を財政的に支えている事情について、財団

資料28　財団法人「日本宝くじ協会」の助成方針

公益事業への助成等に関する基本的事項

（昭39.7.6 決定
昭51.4.6 一部改正
昭54.2.1 一部改正
昭56.3.27 一部改正）

一　普及宣伝費の受入れおよびこれに伴う事業の実施について

地方公共団体が、昭和39年7月以降発売する宝くじについては、その消化額の2%に相当する金額を、普及宣伝費として受託銀行から受入れ、これを財源として、公益事業への助成をすること等により、自治宝くじに関する普及宣伝を行うものとする。

二　公益事業への助成等に関する基本的事項について

1. 公益事業への助成をすること等により、自治宝くじの普及宣伝を行うため、寄附行為第4条第2号の規定に基づき、つぎに掲げる事業を実施する。

⑴宝くじ助成金等の交付

a 社会福祉事業等に対する助成

イ、社会福祉、社会教育、体育その他公益の増進に資すると認められる事業を助成の対象とする。

ロ、助成対象経費は、原則として、本来国費または地方費をもって支弁すべき経費以外の経費とする。ただし、運営費、事務費等いわゆる消費的経費は、助成の対象としない。

ハ、助成対象団体は、原則として、公益法人または地方公共団体とする.

(以下略)

注：下線は筆者による

と主務官庁の環境省は国民に説明する義務があるのではないか。

とはいえ、国民休暇村は公的宿泊施設の「氷山の一角」にすぎない。

前述したグリーンピアやサンプラザ(旧・労働省所管)以外にも、財団法人「厚生年金事業振興団」が経営する「厚生年金会館」や「厚生年金休暇センター」「サンピア」「ハートピア」などがある。「ようこそ厚生年金の宿へ」がキャッチフレーズだ。

ほかにも「郵便貯金会館(メルパルク)」「簡保の宿」「農林年金会館」などと、枚挙にいとまがない。

資料29

注：旅館三団体が問題視する公的宿泊施設(東北地方)によるコンパニオン入り宴会企画の実例

その大部分は、主務官庁や特殊法人が息のかかった公益法人に運営を委託している。これ以外に市町村などの地方自治体の公共宿泊施設も数多いから、日本の民間旅館業者の生き残りは並大抵でない。

公的宿泊施設の中には、コンパニオン入りの宴会を企画して客寄せしているところもある(資料29)。

国民休暇村協会の職員八二九人に対し常勤役員は四人。うち理事長が元環境庁事務次官。理事長の年収は一九五

○万円。財団法人「船員保険会」会長、特殊法人・環境事業団理事長を渡ってきた。
常勤の常務理事三人中二人も環境庁出身だ。環境省が許可した公園「特別地域」内の事業に、OBたちが天下る。

国の職員の互助会・共済会

国の職員の互助会や共済会が「公益法人」に衣替えしたケースも数多い。「郵政互助会」「郵政弘済会」、各地の「特定郵便局長協会」など、とくに旧・郵政省(現・総務省)関係に目立つが、各省庁ともこの種の公益法人をつくり、「官益」のために利用してきた。通常、理事の大部分は所管官庁出身者で、子会社をつくって出身官庁から業務をそこに独占受注させたり、天下りしたり、といった問題が指摘されていた。

公益法人白書(二〇〇〇年度版)によれば、二万六〇〇〇余りある公益法人のうち、一四%の三六九二法人が「その事業目的が公益(不特定多数の者の利益を図る)というより共益(構成員相互の利益を図る)と考えられる」互助・共済団体等に分類されている。

ということは、一割以上が国や地方の公務員とか業界の互助会、共済会、同窓会、親睦団体の類いであるわけだ。

これではいかにも本来の「公益法人」から逸脱している、として法務省は「公益」でも「営利」でもない団体に別途新設する「中間法人」の法人格を与える「中間法人法案」を二〇〇一年春の通常国会に提出した(注2)。

この種の「官益」法人が設立されたのは一九五〇年代(郵政弘済会が五二年)にさかのぼるから、約半世紀も問題が放置されていたことになる。あまりにも長きにわたった「政治と行政の不作為」といえる。

公務員の互助会の性格上、こうした公益法人は母体の官庁と文字通り一体化して、事務所を本省の建物内部に構える「農林弘済会」や「全国特定郵便局長協会連合会」のような財団もある。

財団法人「防衛弘済会」の場合、防衛庁本部正門前のビルに共済組合から借りて入居しているが、同財団は事業目的の柱に、防衛庁職員・家族の「相互扶助」と並んで「防衛思想の普及」を挙げた。

つまり、防衛庁だけでは十分に対応できない防衛思想の普及を、講演会や図書の寄贈、広報紙誌を通じて側面から盛り立てようという広報活動だ。同財団は、六五年一〇月に「公益事業と認められて公益法人になった」というが、こういう防衛思想の広報活動が主務官庁から「公益性あり」と認められたのかもしれない。収益事業の柱は、共済組合から受託して行う「隊員クラブ(酒保)」の運営だ。委託費はなく、隊員からカネをとって事業を行っている。民間に委託した場合、辺地の駐屯地でやってくれるか、やってくれたとしてもいいサービスが受けられるか疑問だという。

保有株式をファミリー企業に分散

この防衛弘済会に比べると、財団法人「郵政弘済会」の収益事業の内容は、霧が立ち込めるかのように不透明だ。

財団を設立するために事業目的など基本的事項を記した寄附行為をみても、利権を独占してきた郵便局舎の清掃作業やパソコン、コピー機、机、金庫、伝票類などの備品の購入などの受託収益事業に結びつくような記述は一切ない。同財団は取材に対し「寄附行為」の文書のコピーを認めなかったため一々手書きをしなければならなかったが、その中にこの受託事業(役務サービス)を連想させる文面は見当たらなかった。

ただ、これに関連して次のような抽象的な記述があるにすぎない。——「郵政事業の利用者に対する便益の増進に資する事業」「本会の目的達成に必要な事業」。

つまり、郵政弘済会が複数の営利企業の大株主として、郵政省から独占的に請け負った郵便局の清掃などを子会社に丸投げし、法外な収入を得ていた事実はこのように覆われてきたのである。

公益法人の指導監督基準により、公益法人は原則として営利企業の株式保有を禁じられ、九九年九月末までに保有株式の処分が義務付けられた。

結果、同財団は自らの保有株を処分し、グループ企業に引き取らせた。表向きは指導監督基準に従いながら、別の郵政省関連のファミリー企業に株式を保有させることで郵政ファミリーが依然、天下り先の系列企業を実質支配している形だ。

郵政弘済会は二〇〇〇年度(九九年一〇月—二〇〇〇年九月)の当期収入が支出を一億六〇〇〇万円超上回る七八六億五一八四万円に上った。職員数は三五二人だから単純計算すると、一人当たり約二億二三〇〇万円の収入を上げていることになる。

これは企業でいえば、ソニー(単独)の一人当たり売上額(一億三五〇〇万円＝二〇〇〇年三月期)を一・七倍近く上回る異様なまでの高収入体質だ。これも親元の郵政省と結んで事業を独占しているせいである。

このうち「収益事業」収入は、三五八億一四一九万円と計上された。

こうした法人収入に対し、公益法人であるために法人税が「公益事業」に対しては免除、「収益事業」に対しては軽減されているのである。

この収入源に、子会社への丸投げから得た約六〇億円の郵便局の清掃収入が含まれている。郵便局の清掃を下請けさせていた子会社の一つは、財団が株式を保有していた「とうび(旧名・東京郵弘)」という無名の小企業だ。こういうファミリー企業の経営陣に郵政OBが天下りしていることは言うまでもない。

もう一つ、同財団は郵便局の内装や設備工事を手掛ける「新興機材」という企業の株式も保有していたが、これも他の郵政ファミリー企業に引き取らせている。

同財団は九七年度決算でとった会計方法を九八年度から公益事業の支出を膨らませる方式に変えた。これを公益活動以外の収益事業の支出規模を指導監督基準に従い全事業の半分以下に抑えるための「会計操作」、と報じられた(注3)。

同財団は、九七年度決算で採用した、収益事業をありのままに映す「補充方式」と呼ばれる会計方法は経理責任者の判断ミスによるもので、翌年度から公益事業の準備金を毎期、全額取り崩したうえで再び積み立てる従来の「洗い替え方式」に再変更した、と説明しているが、疑念が消えない。こういう会計方法変更を監督官庁がなんら問題なしと了承したのも、主務官庁が身内の公益法人の設立を許可し、監督する主務官庁制と無関係でない。

財団の常勤役員六人のうち五人までが郵政省出身者（うち二人は全逓信労働組合と全日本郵政労働組合出身）。常勤の会長は元郵政省官房国際部長、常勤理事二人は東京と大阪の元中央郵便局長。監事二人は、同財団出身者と全逓労組出身者。身内で固めているから監視機能はないも同然だ。

財団の広報誌『メルファムガイド21』をみると、「公益事業」としている郵政職員支援事業や数年前から力を入れだした「一般支援事業」の紹介をしているだけで、収益事業や財務内容については一切触れていない。

一方、財団法人「郵政互助会」は、五四年一〇月の設立。設立とともに、事業の柱となる郵政職員の掛け金と加入期間に応じた退職給付事業を始めている。

郵政互助会のあまり知られていない「もう一つの顔」は、「互興建設」という小ぶりながら高収益の一〇〇％子会社を持ち、郵便局舎や郵政職員宿舎の建設・改築を請け負わせていたことだ。

社長は郵政省出身者。指導監督基準を受けて、現在は保有株を手放したが、割り当て先は別の郵政ファミリー企業に分散された。

新たな株主の一つは郵便輸送を請け負う「日本郵便逓送」。同社の筆頭株主は、郵政省共済組合である。共済組合が持ち株会社の役割を担いつつ、残りの株式を他のファミリー企業が保有するという構図である。表向きはどうあれ、内実は郵政ファミリーが結束して利権の構図を堅持していることがわかる。

同財団は、中間法人化の法案が成立すれば、むろんこれに従うという。

だが、仮に中間法人になったとしても、新たに共済組合の持ち株を通じた「支配と利権」の問題が浮かび上がってこよう。公益法人が中間法人化するとともに、認可法人である共済組合のあり方も問われるようになる。

注1　独立行政法人通則法第二条に「独立行政法人とは」と、次のように定義してある。

「国民生活及び社会経済の安定等の公共上の見地から確実に実施されることが必要な事務及び事業であって、国が自ら主体となって直接に実施する必要のないもののうち、民間の主体にゆだねた場合には必ずしも実施されないおそれがあるもの又は一の主体に独占して行わせることが必要であるものを効率的かつ効果的に行わせることを目的として、この法律及び個別法（各独立行政法人の名称、目的、業務の範囲等に関する事項を定める法律）の定めるところにより設立される法人をいう」。

続く第三条で、公共上の見地から①適正かつ効率的な業務の運営、②業務内容などの情報公開、③業務運営における自主性の配慮――の必要を明記している。

注2　ただし、中間法人法案には自民党の反対から当初試案にはあった公益法人から中間法人に移行するための組織変更規定は設けられず、今後の課題に持ち越された。中間法人に公益法人のような税制優遇措置はない。

注3　「朝日新聞」二〇〇〇年一二月一二日付。「公益法人の設立許可及び指導監督基準」には、次のようにある。

「収益事業の支出規模は、公益事業の適正な発展のため、主として公益事業費を賄うのに必要な程度でかつ当該公益法人の実態から見て適正なものとし、可能な限り総支出額の2分の1以下にとどめること」。

Ⅳ　設立・運営を巡るさまざまな手法

1　法によらずに「通達」で利権

次に、公益法人の設立・運営を巡る行政のさまざまな手法の中で「法に基づかないケース」を取り上げてみよう。まず、「官」が通達を用いて公益法人を足場に利権を確保した実例から検討に入る。

国土交通省（旧・建設省）所管の財団法人「日本建築センター」のケースは、既にみた旧・道路施設協会とともに「通達」を根拠に業務独占してきた典型例といえる。同財団は、建築基準法が改正・施行される二〇〇〇年六月まで建築確認の手続き上、建設の規模や構造、材料によっては欠かせない「評価」「評定」の業務を法に基づかずにほぼ独り占めしてきた。

「課長通達」が唯一の根拠

旧・建設省によれば、六五年一二月に同省住宅局建築指導課長から全国地方自治体の建築主務部長宛に出した「通達」が、その唯一の根拠とされている。国民の与り知らぬまま、一片の課長通達で、特定の公益法人に業務を独占させ、民間の新規参入を排除しながら自らの天下り先にする、という構図が三五年以上も前につくられたのである。

建設省が仕組んだこの独占の構図は、先の法改正によってようやく崩れるが、それまでは通達行政によってこの理不尽がまかり通っていた。このことを知るために、「法改正以前」の状況をみてみよう。

「日本建築センター」とは、どんな財団なのか。同センターが九八年七月に発行した「評定のご案内」にはこう書かれてある。

「日本建築センター（ＢＣＪ）は、建築にかかわる研究、新技術の評価及び情報の収集と普及等を目的に一九六五年、建設省及び建築関連業界の支持のもとに設立された非営利の団体です。（略）ＢＣＪの中心的業務は設立目的の一つである評価業務――建築にかかわる新技術、新材料等の評定業務――といえます」

つまり、建築の新しい技術や材料、構造、一定の高さ以上の高層建築については、建築基準法により特別に建設大臣の「認定」を得なければならないが、これを得るための客観的な基準による「評価」作業と、独自の基準による「評定」作業を行ってきたわけである。

建築技術が海外からの導入もあって日進月歩であることから、大臣認定を要する建築確認申請はおびただしい数に上る。

問題は、大臣認定を得るまでの手続きが不透明なことだ。理由は、法律に定めがなく、都道府県市など全国地方自治体の建築主事の行政指導に従って、手続きが進められるためである。

建設者側からすれば、手続きはこうなる。——まず、建築確認を申請する場合、自治体の建築課に相談するよう行政指導を受ける。だが、このあとは自治体によって取り扱いが異なることがある。

日本では建物を建てようとする時は、一定規模以上のものについては建築基準法第六条により、建築主事の確認を受けなければならない。建築主事は申請書を受理し、確認した場合は「七日ないし二一日以内に」申請者に通知する義務がある。

ところが確認手続きの例外規定(建築基準法第三八条)があり、「予想しない特殊の建築材料または構造方法を用いる建築物については」建設大臣の認定を受けるよう指示される。

大臣認定を受けるよう指示された場合は、前もって日本建築センターに評定申請を行い、同センターが「評定」した評定書を建築確認申請書に添えて提出しなければならない。

大臣認定を必要としない場合でも、日本建築センターの「評価」を前もって受け、その評価書を確認申請と同時に提出するよう行政指導を受けることもある。つまり、地元の建築主事が対応できないケースは、すべて「評定」か「評価」が義務付けられるわけだ。

評定の内容は、建築物の構造耐震力や耐久性、防火材料などのほか、高さが六〇メートル以上を超える建築物の構造計算、高さ三一メートル以上の建築物の防災計画が含まれる。「評定」や「評価」の申し込みを受けた日本建築センターは、「法改正以前」は申し込みの内容によってグループの試験機関の公益法人や研究所と連携をとり、それぞれから試験結果を得て評価・評定を行っていた。

改正法が仕組みを透明化

このパートナー役の公益法人は、いずれも財団法人で、「ベターリビング」「建材試験センター」「日本建築総合試験所」「日本住宅・木材技術センター」「小林理学研究所」の五法人だった。

この五つの公益法人のいずれも、法によって指定されたわけではない。六九年以降、同じく建設省住宅局建築指導課長の「通達」で試験機関に指定されている。「日本住宅・木材技術センター」に至っては、壁に限る試験研究機関に指定されたのは、九三年になってからだ。建設省は評価・評定のための試験機関を指定し、保護するのにも、思いのままに発動できる「通達」を使ったのである。

これら公益法人のほかに建設省建築研究所、東京消防庁予防部、東京都建築材料検査所、農水省林業試験場、北海道立寒地住宅都市研究所なども検査に関与している。

日本建築センターに評価・評定業務が集中する仕組みをつくった問題の「課長通達」とは、どんなものだったのか。

「特殊な建築材料、構造方法の取り扱いについて」と題したこの通達は、日本建築センターの設立に合わせて出されている。

内容は「(略)財団法人日本建築センターの諸審査機関が整備されたことにともない、特殊な建築材料、構造方法についての取り扱いを下記のとおり定めたので今後はこれによって処理されたい」とある。

つまりは、建設省の一存で、できたばかりの日本建築センターとグループの試験・審査機関に評定・評価させる「決まり」をつくり、全国の自治体に「国へならえ」式に行政指導させたのである。

改正建築基準法が二〇〇〇年六月に施行され、通達によってこれまで日本建築センターに自動的に集中した評価・評定の仕組みが改められるまでは、同センターがこの評価・評定業務を九割方独り占めし、残りをグループの五公益法人や特定の試験機関が分け合っていた。

改正建築基準法が制定された九八年六月当時、同センターの常勤理事五人のうち四人を建設省OBが占め、「建設省の出先機関」同然だった。理事長は、建設省住宅局長から特殊法人の住宅・都市整備公団副総裁を経て天下っている。むろん関係する五公益法人の役員にも、建設省から数多く天下っていたことは言うまでもない。

ともあれ規制緩和・手続き明朗化策の一環として、法律によって、建設大臣は「指定する業者に」構造方法などの認定のための審査に必要な評価の「全部または一部」を行わせることができる、とされた。

結果、法に基づいて指定される「評価」および「試験」機関が複数誕生する。日本建築センターは法による「評価」の指定実施機関の一つとなる一方、「型式適合認定」の指定実施機関ともなる。「型式適合認定」とは、例えばエレベーターの型が建築基準法に適合しているかどうか、の検査・認定をいう。

この法改正により、「評価」の実施機関に日本建築センターのほかに、先の「ベターリビング」「建材試験センター」「日本建築総合試験所」「日本住宅・木材技術センター」および財団法人「日本建築設備昇降機センター」、民間の株式会社二社も指定された。「課長通達」で築い

資料 30　行政委託型法人等への委託等・推薦等に係る根拠法令等のレベル

	合計	法律	政令	府省令	告示	通達	その他
全　体	400	219 54.8%	5 1.3%	61 15.3%	48 12.0%	56 14.0%	11 2.8%
委託等	275	192 69.8%	3 1.1%	36 13.1%	12 4.4%	31 11.3%	1 0.4%
推薦等	125	27 21.6%	2 1.6%	25 20.0%	36 28.8%	25 20.0%	10 8.0%

出所：『平成 12 年度 公益法人に関する年次報告』

た建設省の利権構造の是非が、法の前に透明性を問われ、多少ではあるが改善を余儀なくされたのである。

しかし、行政が公益法人に業務の委託や推薦を行う場合、「通達」を根拠にしているケースがなお全体の一四%、五六件に上る（資料30）。

2　法によらずに「告示」で利権

法によらずに「告示」によって利権を確保している公益法人もある。

旧・厚生省、総務庁、文部省、労働省が共管の財団法人「健康・体力づくり事業財団」が、その好例だ。

同財団は、「健康運動指導士」と「健康運動実践指導者」の資格を与える事業を行っている。「指導士」はいわば運動プログラムを個別に作成して指導に当たる「企画立案者」であり、「実践

資料31

○厚生省告示第三十一号
健康づくりのための運動指導者の知識及び技能の審査・証明事業の認定に関する規程(昭和六十三年一月厚生省告示第十八号)第一条の規定に基づき、次の審査・証明事業を昭和六十三年二月二十二日付けで認定したので、同規程第十一条第一項の規定により告示する。
昭和六十三年二月二十九日
厚生大臣　藤木孝雄
一　認定法人の名称　財団法人健康・体力づくり事業財団
二　認定法人の住所　東京都港区虎ノ門一丁目二十五番五号
三　審査・証明事業の名称　健康運動指導士審査・証明事業
四　付与する称号の名称　健康運動指導士

指導者」は実技を指導する「インストラクター」だという。

この二つの「資格」は、官報に「告示」されている。告示の文言によれば、厚生大臣が同財団が行う健康運動指導士および健康運動実践指導者の「審査・証明事業」を認定したものだ。

より正確にいえば、厚生省事務局が大臣名で「この資格付与事業を認めます」と告示して官報に載せるのである(資料31)。

このように「告示」が資格付与事業の根拠とされているわけだが、告示は行政の一存でできる公示の一形式にすぎない。国家行政組織法によれば、各大臣や各委員会、各庁長官が公示を必要とする場合、「告示」を発することができる旨規定されているだけである(同法一四)。

そこで、官庁はあることを決め、広く世に知らせようと考えるなら告示することとなる。なるほど告示は形式的には大臣の名で出されるが、事務局が発案し大臣に代行して大臣のハンコを事務方が押せば、それで一件落着だからである。実態は、官僚が自分の裁量で必要に応じて難なく出せるのである。

しかし、告示は「通達」に比べれば、ずっと透明性が高い。国民の知らないところでいつの間にか既成事実がつくられてしまう通達に対し、すべて官報に掲載され、内容を知ることができるからだ。

にもかかわらず、「告示」の形を用いた公益法人の事業認定は適正とはいえない。事業認定が必要だとしても、法で定めるか、少なくとも「閣議」で決定して出される「政令」によるのがスジであろう。

公益法人の業務を下請けする公益法人

ところで、この「健康・体力づくり事業財団」の認定事業は、奇妙な背景を浮かび上がらせる。

一つは、同財団がまるで大手企業のように業務の一部を二つの下請け公益法人に委託していることだ。

健康運動指導士については旧・厚生省と文部省が共管の財団法人「日本健康スポーツ連盟」が、健康運動実践指導者については社団法人「日本エアロビックフィットネス協会」が、事業財団から講習会の業務の一部を請け負っている。

これらの法人は、「健康・体力づくり事業財団」設立から九年後の八七年に、指導員養成のカリキュラムをつくり、講習を実施する公益法人として設立された。

日本健康スポーツ連盟は、この下請け事業のほかに告示による健康増進施設の認定事業を行う。しかし、健康増進施設の認定事業にしても温泉プールのような温泉利用型の施設については、別の旧・厚生省所管の財団法人「日本健康開発財団」が手掛け、棲《す》み分けしている。

一方、日本エアロビックフィットネス協会は、全国の三〇〇〇近いフィットネスクラブを対象に、独自に開発した「ＡＤＩ（エアロビックダンスエクササイズ・インストラクター）」の講習・資格認定事業を実施している。

このように、公益法人の傘下に別の公益法人が国のお墨付きを得た事業を請け負いつつ、自分たちで考え出した認定事業も展開する構図が浮かび上がる。「健康・体力づくり事業財団」の常勤役員は理事長・常務理事の二ポストだが、ともに厚生省ＯＢが占める。

もう一つ、健康・スポーツ分野の資格に関連して見過ごせない問題は、似たような資格を別の所管省庁の法人でも認定・付与していることだ。あたかも各省庁が競い合って自らの所管法人に資格認定事業を行わせ、そこを天下り基地としている観がある。

旧労働省所管の認可法人・中央労働災害防止協会が認定・付与している「運動指導担当者」と「運動実践担当者」の二つの名称と資格は、「健康・体力づくり事業財団」のそれとそっくりである。「運動指導担当者」の資格を取るための研修に一九日を要する点も、ほぼ同じだ。同じような資格が二つずつあるのは、所管官庁が別々だからとしか考えられない。

同協会によれば、「運動指導担当者」の資格は公益法人側の「健康運動指導士」と同等とみなされ、この資格を持っていれば相手方の「指導士」の資格も共通部分の講習を省略して取れるようになっている。

このように、似たような資格が乱造されるのも、役所が自分たちの裁量でめいめい勝手に事業を許認可するためだ。

資格認定の認可法人も天下り基地

中央労働災害防止協会の場合、一九六四年に民間側の発意により設立された法人を役所が認可した「認可法人」の形をとっているが、実質は旧・労働省の天下り先の利権団体にほかならない。

現在、常勤役員一五人のうち理事長・常務理事各一人、常任理事・理事計八人と実に三分の二を旧・労働省ＯＢが占める。二〇〇一年一月に空席になるまでは専務理事ポストも労働省出身者が押さえていた。

同認可法人は国から五一億九二〇〇万円(九九年度実績)の補助金と二一億八六〇〇万円の委託費を受け取っているから、国民は経済困難のさなか、この資格認定事業にも税金を払っていることになる。

同等の資格を認定する先の「健康・体力づくり事業財団」の国の補助金は一億六〇〇〇万円、委託費は四億二八〇〇万円(九九年度実績)に上る。双方を合わせると国庫支出はほぼ八〇億円にも達する。財政大赤字の中で、こうした税の〝二重払い〟というべき無駄遣いが、国民の目から見えない水面下で続いているのだ。

旧・文部省所管の財団法人「日本体育協会」(体協)は、スポーツ分野の公益法人の草分けとして、先に述べた問題を早くから体現している。

体協は国民スポーツの振興を目的に一九一一(明治四四)年、嘉納治五郎を会長に、大日本体育協会の名称で創設された。一七（昭和一二）年に財団法人となるが、太平洋戦争さなかの四二年には「大日本体育会」と名称を変え、政府の外郭団体になった経緯がある（戦後再び民間団体に改組され、四六年に現在名の財団法人となる）。

この体協が認定する数多くのスポーツ資格の中で、前述した資格によく似たものに「スポーツグラマー一種と二種」がある。「スポーツ相談、スポーツプログラムの提供、指導・助言」などを実施する資格で、講習時間の長さによって一種と、より高度な二種とに分かれる。

八七年に文部大臣により資格の認定が告示され、うち「一種」は旧・文部省所管の財団法人「日本体育施設協会」が、「二種」は同じく旧・文部省所管の財団「日本スポーツクラブ」と先の日本健康スポーツ連盟が下請けしてきた。つまりは、前述した事業構造と瓜二つなのだ。数多くの公益法人が「資格」の周りに群がる。

3　業界からの「寄付金」で運営

大蔵省は論議が高まっていたNPO（民間非営利団体）が求める法人税の減免は認めない方針を貫き、NPOの二〇〇一年からの税制優遇措置に盛り込まなかった。その理由として同省は、公益性の確認が困難なことを挙げた。

大蔵省(現・財務省)がもし本気でそう思うなら、自ら天下り先としてきた社団法人「研究情報基金」(ＦＡＩＲ)については、どう説明するのだろうか。

研究情報基金は、バブル経済が滑り出した八六年四月に大蔵省の許可を得て設立。金融システムなど研究調査を大学に委託したり、海外の研究機関と共同で会員向けにセミナーを開いたり、海外の金融事情視察が表向きの事業だった。

「非公開の金融情報」を限定した企業に提供する、とのうたい文句で会員に誘い、会員の金融機関から一社当たりなんと年間三〇〇万円もの寄付金を会費として納めさせてきた。このような超高額の寄付金を要求できたのも、同基金が監督権を持つ大蔵省によってつくられ、歴代大蔵トップが天下る法人だったためだ。

会員の三分の二を占める銀行・証券・保険など金融機関側は、大蔵省の機嫌を損ねないよう、泣く泣く会員になって高すぎる寄付金も納め、なかには同社団に協力するため社員を研究目的などとして、給与は自己負担で派遣した銀行もあった。

護送船団行政の破綻で没落

ところが、バブル経済の崩壊とともに大蔵省の護送船団式金融行政は破綻し、金融機関も同省の保護を当てにできなくなったばかりか、自らも不良債権の重荷から経営不振に陥った。そこで、会費に見合うメリットがなく、活動実態もはっきりしない、たかりが過ぎるとして、九八年春から富士銀行、大和銀行、東京三菱銀行、三和銀行など大手銀行が相次いで同基金を脱会し、他の金融機関も追随したのである。

かつては、初代の財務官に次いで二代目から問題が表面化する五代目まで、歴代の大蔵事務次官OBが次々に理事長を務めた。

二代目が西垣昭氏でのちに海外経済協力基金総裁から東京海上火災保険常勤顧問、三代目が平澤貞昭氏で国民金融公庫総裁を経て横浜銀行頭取、四代目が保田博氏で日本輸出入銀行総裁から海外経済協力基金と統合後の国際協力銀行総裁、そして五代目が「十年に一人出るか出ないか」の大物といわれながら政権時代の小沢一郎氏に寄り添ったとして自民党から冷遇された斎藤次郎氏で、のちの金融先物取引所理事長である(斎藤氏は同基金批判を受け、九八年三月末に在任一年余りで辞任、後任に館龍一郎・東大名誉教授が就任した)。

こういった次官OBが次のポストが決まるまでの間、理事長を短期間務めたことから、「大蔵次官の雨宿り法人」とか「腰掛け法人」「風と共に去りぬ法人」などと呼ばれた。

九六年度当時は金融機関から年間六九〇〇万円もの寄付金を集めた同基金も、脱会が相次いで資金源を次々に失い、いまは事業が破綻同然だ。

だが、国会で衆院議員の海江田万里氏(現・民主党)が同基金の不明朗な運営を追及した九八年二月当時、同基金は寄付者の寄付金控除が特別に認められる「特定公益増進法人」だったのである(その後、認定を取り消し)。

この特定公益法人増進法人に認定したのは、ほかならない大蔵省自身であった(注1)。

故大平正芳総理の理念を継承する、と自ら同基金を企画・設立した大蔵省が、社団発足三年後に「高い公益性」を認めて、特定公益法人増進法人に認定している。自作自演である。

同基金は現在、リストラを重ねる一方、会員向け研究テーマもベンチャー創出・育成とか金融戦略の基礎研究など新しいプログラムを加え、会員の維持に躍起だ。会員は全盛時には八〇社いたが、いまは一〇社足らず。二〇人いた職員も五人に減った。護送船団式行政の崩壊とともに、勝手気ままに振る舞ってきた大蔵省の天下り公益法人も、ウソのように没落してしまった。

ＮＰＯの公益性をうんぬんする前に、財務省(旧・大蔵省)をはじめ各省庁は、自らが所管する公益法人の「公益性」について実地検証すべきであろう。

注1　二〇〇〇年四月一日現在、大蔵省所管(共管を含む)の特定公益増進法人は、次の通り。「政策科学研究所」「世界平和研究所」「日本経済研究センター」「日本システム開発研究所」「日本証券経済研究所」「三菱経済研究所」「喫煙科学研究財団」など(社団法人の日本経済研究センター以外は、いずれも財団法人)。

V　根治のための処方箋

以上、各種ケース・スタディで明らかになったように、公益法人問題の根源は各省庁が設立許可と指導監督を行う権限を持つ主務官庁制の弊害と設立根拠とされる民法三四条の欠陥にある(注1)。

古く一世紀以上も昔の一八九八(明治三一)年に施行されたこの法律は、もはや時代遅れのもので、まず「公益性とはなにか」が明記されていない。さらに、公益法人設立の要件として「主務官庁の許可を得ること」が定められている。結果、公益性の定義がないため、設立権限を握る主務官庁は、自分たちの裁量で公益性の有無を考え、公益法人の設立を許可することができる。

公益法人ならぬ官僚の利益のための「官益法人」が数多く生み出された背景には、こうした制度的欠陥があった。

1　主務官庁制を廃止する

したがって処方箋は、弊害が大きく根深いだけに劇薬型にならざるを得ない。根本的な処方箋は、次のようなエキスを盛るべきだ、と筆者は考える。

①主務官庁制を廃止し、内閣府に「チャリティ委員会」(仮称)を設け、各省庁と機関委任を受けた都道府県に代わって公益法人の設立審査・認定・登録と指導監督を一元的に同委員会が行うこととする。

②「公益性」の定義・基準を新たな法律で明記する。

③「公益性」の判断・認定はNPOを含め「チャリティ委員会」(仮称)で一括して行い、NPOと同一の判断基準とし、「公益性が高い」と認定された場合の税制優遇措置も同一とする。

④公益事業として適当でない、と認定された既存の公益法人には、営利法人化、独立行政法人化、中間法人化、解散の四通りのいずれかの対応を法に基づいてとらせる。

⑤「公益性」を認定・登録された事業は、自動的に税の免減措置を受けられるようにする半面、インターネットによる事業、財務内容などの情報公開を義務付ける。

――まず、①について説明しよう。「チャリティ委員会」という名称がなじみにくいなら、「民間公益事業委員会」などという名でも差し支えない。要は公益活動が「民間の社会貢献活動」であることが感じられるような委員会の名にしたい、ということである。

ここで、一七世紀以来の伝統を持つ英国のチャリティ委員会が重要なモデルとなる。独立性の高い政府機関とされる本場のチャリティ委員会と同様に、複数の法律専門家を含む小規模な独立政府機関とし、議会に対し委員長による設立申請審査・認定・登録・指導監督の結果報告を義務付けるなど、委員長が議会に責任を負うこととする。

総理府の九八年度版公益法人白書に、英国のチャリティ活動に関する調査報告が掲載されている。

それによると、「慈善」とか「公の救済」を意味する「チャリティ(CHARITY)」の定義についてはエリザベス一世の一七世紀英国で次のように規定され、いまなお公益性の判断基準になっているという(注2)。

①高齢者、虚弱者、貧困者の救済

②傷病兵士、学校、大学生への援助

③橋、港、道路、教会、堤防、幹線道路の補修
④孤児の教育および就職
⑤矯正施設の維持援助
⑥貧民女子の結婚
⑦年少の労働者等の援助
⑧囚人、捕虜の救済、釈放
⑨生活困窮者の租税支払いの援助

当時、教会の権威の没落を穴埋めするように、民間のボランティア協会が誕生している。旧教徒(カトリック)の責任に、新教徒(プロテスタント)と市民の責任がとって代わりつつあったといわれる(注3)。

また、一六〇一―三〇年の間、イングランド地方に史上初めて出現した失業者の群れを背景に、慈善事業が未曾有の規模で起こった。貧者救済を目指し、社会的リハビリを施そうという動きが、英国各地で活発化したという。当時、変革期に特有の新たな社会運動が勃興しつつあった(注4)。

英チャリティ委員会によれば、委員会は「チャリティ事業がその資産を有効に活用するよう助力するとともに、チャリティ事業への民衆の信頼を保証するために存在する」という(注5)。

委員会(委員五人)の任務は、「チャリティ団体」の登録を申請した団体に対し審査をしたうえで適格とみなせば登録し、その活動状況の評価および指導監督を行い、必要と判断すればチャリティ活動への市民の苦情に応えて調査も実施する。チャリティ団体に登録されれば自動的に税制優遇措置が適用される(このため委員会が登録の認定をするに当たっては、税務当局である内国歳入庁との協議が行われる)。

チャリティ委員会のホームページをみると、九九年末時点でイングランドとウエールズで計一八万九九九八団体が登録され、市民は委員会がコンピューターに保存する全団体のデータベースをインターネットで知ることができる。

データベースには団体の所在地、連絡先、事業活動の詳細、財務内容などが掲載されている。市民はまた、関心を持つ団体の登録データのコピーを委員会事務局から廉価で入手できる。

このような定義から出発した英国のチャリティ活動をモデルに、現状の問題多い主務官庁制を柱とする公益法人制度に代わる日本版チャリィィ委員会を考案すべきである。

法に明記された「公益活動」の定義に基づき、「公益性」を判断・認定し、設立認可・登録と活動評価・指導監督を一元的にすべきであり、同時に登録された法人の税制優遇措置のあり方も検討すべきである。

2 NPOと扱いを同一に

次に、NPOに対する「公益性」の判断・認定と公益法人に対するそれは同一でなければならない、ということだ。

税制優遇を与える条件ともなる「公益性」の判断に際しては、わかりやすい基準をつくって公益法人とNPOに対し同一基準が適用されるべきである。税制優遇を受けている公益法人とか寄付者の所得が控除されている日本赤十字社や日本育英会のような特定公益増進法人の場合とサービスの内容が同じなのに、NPOに対しては課税されるようなことがあってはならない。

特別の優遇税制下にある特定公益増進法人は一万八九五六法人(二〇〇〇年四月一日現在)もある。ボランティアが行う「介護サービス」が「医療保健業」として課税され、同じ介護サービスを行う社会福祉法人が「非課税」では公正を欠く。

この観点から、公益法人、特定公益増進法人、NPOの「公益性」についてすべて一括して同じ基準で日本版チャリティ委員会が判断・認定する。そうすることで、税優遇の公正性が保たれ、社会貢献活動に対する大いなる勇気付けともなる。

適切な活動をしていない既存の公益法人は、市場から退場するか新しい姿に自らをつくり直して適応すべきだ。

それらは行政の委託を受けたり、行政の需要に依存する「行政周辺法人」、国の職員の互助会や業界団体のような特定の団体の共益を追求する公益法人、営利企業の事業として実施するのが適当な公益法人——などである。

これらの法人の大部分は、現在事業を順調でないにしても曲がりなりにも運営している。そこで、営利法人に転換させて企業として自立させる(完全民営化)。ただし、営利法人化のためには法律をつくって法的強制力を持たせる必要がある。

かつて九八年一二月に関係閣僚会議幹事会で「公益法人の営利法人等への転換に関する指針」なるものが申し合わされたことがある。その趣旨は、現行法制度でも公益法人の営利法人への転換は基本的に可能だとして、「業務内容が営利法人と競合する公益法人については、九九年九月までに公益法人としてふさわしい事業内容への改善が行われない場合には、営利法人への転換を指導する」というものだった。

結果は、営利法人に転換した法人はゼロだった（公益法人白書によれば、各所管省庁が「営利法人転換候補」とみなした公益法人は九九年一〇月一日時点で四五法人あった）。どの公益法人も、苦難が予想される営利法人化を避けたのである。法的強制を伴わない行政指導の場合は、このように公益法人側がいうことを聞いてくれない。

公益法人が実施する事業には、政府からの補助金などの交付金がなければ公的な事業を賄えなかったり、行政の需要に応じるために公的助成が必要なものもあろう。

このような公益法人は、政府や地方自治体から交付金を受けて事業を実施するため、経営の自立性と透明性を高める狙いから独立行政法人に移行させるべきである。国家試験事務や検査事務などの実施法人がこの範疇《はんちゅう》に入る。

ただし、検査、検定、認定の類いはできるだけ廃止するか自己認証化もしくは簡素化することが望ましい。それ自体が多大な利権と参入規制とコスト負担をもたらすからである。

「中間法人」化は、役所の互助会、共済会のような職員組合型活動を進めたり、業界団体の利益を追求する「えせ公益法人」がむろん対象になる。

以上の法人転換の選択肢を断念せざるを得ないような公益法人は、もはや速やかに解散するしか道はないだろう。

日本版チャリティ委員会が、「公益性が高い」と認定して認可・登録する対象を米国並みに、NPO法人に限らず法人格のないボランティア団体にまで広げる選択肢も検討に値する。

米国では、内国歳入庁によって公益性を認められれば、法人格を取得していなくても免税措置が受けられる(注6)。「公益目的の活動かどうか」が認定のカギであり、法人格を取得しているか否かは二の次なのだから、米国式に税制優遇の対象を広げる考えは、より合理的といえる。

このような、主務官庁制の廃止を柱とする制度改革を実行することで初めて、際限なく増殖し、深刻な弊害をもたらしている「見えない政府」問題の抜本的解決が可能になる。

注1　政府はKSD事件を受け、二〇〇一年二月九日の関係閣僚会議幹事会で、チェックリストを基に立ち入り検査を充実させるほか、公認会計士など外部監査の要請や「総括公益法人指導監督官」の設置を盛った措置を講じるよう各府省庁に指示した。続いて三月一四日には、厚生労働省はKSDから接待を受けた幹部八人に戒告、訓告などの処分を行い、給与を一部返納させ、大臣自身も給与返納に加わった。ただし、「適切に政策決定がなされた」と結論づけている。これらがいかにも問題に幕を引くための姑息な「場当たり対応」であるかは、誰の目にも明らかであろう。

注2　米国の財団に関する研究者、若山佳子氏（トヨタ財団アシスタント・プログラム・オフィサー）によれば、フィランソロピーの法的ルーツも、英国で一六〇一年に制定されたStatute of Charitable Uses（慈善慣行に関する法令）であるとされる。

注3　*Charity, Philanthropy and Reform*, edited by Hugh Cunningham: chapter 3, Head versus Heart? Voluntary Associations and Charity Organization in England, c. 1700–1850 by Michael J. D. Roberts, p. 68–69; Macmillan Press, 1998.

注4　Wilbur K. Jordan, *Philanthropy in England 1480–1660*, p. 127–131; Ruskin House, 1959.

注5　英国チャリティ委員会のホームページ。
http://www.charity-commission.gov.uk/ccfacts.htm

注6　総理府『平成11年度　公益法人に関する年次報告』一五九ページ。

取材ノート

本書で取り上げた主な公益法人の取材時期は、以下の通り。役員の人数、役職者・経歴、職員数などは、この「取材時点」におけるものである。

財団・社団法人名	取材時期
Ⅱ 1	
電波産業会	二〇〇〇年七月・八月
Ⅱ 3	
水資源協会	二〇〇〇年一〇月
勤労者福祉施設協会	二〇〇〇年一一月
公益法人協会	二〇〇〇年一一月
Ⅲ 3	
ヒューマンサイエンス振興財団	二〇〇〇年五月
産業医学振興財団	二〇〇〇年五月
Ⅲ 4	
日本国際教育協会	二〇〇〇年五月
Ⅲ 5	
関東陸運振興財団	二〇〇〇年六月
国有財産管理調査センター	二〇〇〇年七月
空港環境整備協会	二〇〇〇年七月
矯正協会	二〇〇〇年六月
防衛施設周辺整備協会	二〇〇〇年六月
日本原子力文化振興財団	二〇〇〇年六月
Ⅲ 6	
公正取引協会	二〇〇〇年七月・九月
産業研究所	二〇〇〇年九月
Ⅲ 7	
公庫住宅融資保証協会	二〇〇〇年一〇月

旧・道路施設協会　一九九七年春
道路サービス機構　二〇〇〇年一〇月
ハイウェイ交通センター　二〇〇〇年一〇月
放送大学教育振興会　二〇〇〇年一〇月
Ⅲ8
勤労者福祉振興財団(中野サンプラザ)　二〇〇〇年一一月
年金保養協会　二〇〇〇年一一月
(特殊法人・年金福祉事業団　一九九七年春・二〇〇一年二月)
年金住宅福祉協会　二〇〇〇年一〇月
Ⅲ9
テクノエイド協会　二〇〇〇年一二月
医療機器センター　二〇〇〇年一二月
日本情報処理開発協会　二〇〇〇年一二月
Ⅲ10
日本規格協会

保安電子通信技術協会　二〇〇〇年一二月・二〇〇一年二月
日本食品衛生協会　二〇〇〇年一二月
Ⅲ11　二〇〇一年一月
日本英語検定協会　二〇〇〇年一二月
介護労働安定センター　二〇〇〇年一二月
Ⅲ12
国民休暇村協会　二〇〇〇年一二月
防衛弘済会　二〇〇一年一月
郵政弘済会　二〇〇一年一月・二月
郵政互助会　二〇〇〇年一二月・二〇〇一年二月
Ⅳ1
日本建築センター　九八年夏・二〇〇一年一月・三月
Ⅳ2
健康・体力づくり事業財団　九八年秋・二〇〇一年一月

日本健康スポーツ連盟
九八年秋・二〇〇一年一月

日本エアロビックフィットネス協会
九八年秋・二〇〇一年一月

（認可法人・中央労働災害防止協会
九八年秋・二〇〇一年一月）

日本体育協会
九八年秋

Ⅳ 3

研究情報基金（ＦＡＩＲ）
九八年春・二〇〇〇年九月・二〇〇一年一月

表記について

補助金などの金額については「一〇〇万円単位」まで表示される場合は、煩雑さを避けるため「約」を付けるのをあえて省略した。

あとがき

バブル経済の崩壊から一〇年以上もたってなお、かつては威容を誇った日本経済は、米国をはじめアジア諸国の経済とは対照的に、依然として低迷した状態から抜け出せない。政府が経済・社会の停滞に突破口を開く構造改革ができずに問題の先送りを続けるのは、なによりも改革を嫌う官僚の抵抗があるためではないのか。

本書は、この疑問と仮説から出発し、「公益法人」という行政のツールと運用実態に行き着いた。

「失われた九〇年代」を巨視的にみれば、対外的には冷戦体制の終焉、国内的にはバブル崩壊という構造的変化に対応できなかった、ということだろう。

なぜ、できなかったかといえば、主たる原因は、問題の山積と奥深さが要求する構造改革に政・官が取り組まずに、問題の先送りを続けたからである。政権はめまぐるしく変わったが、その都度弥縫《びほう》策をとって、構造改革を後回しにした。この国の制度設計に深く関与する政と官が、責任と権限を持ちながら事実上の「不作為」の罪を、こぞって犯し、責任逃れを続けたのである。

問題先送りの象徴は、国民の税金を徒《いたずら》に費やした「住専処理」に表れたが、その後も教訓は生かされず、金融危機は未だに解消されていない。そして全体として、統制経済型の「日本社会主義」の硬直構造を脱皮できずに、九〇年代に始まったグローバル資本主義への適応に失敗し続けているのである。

このように問題を先送りし、構造改革の実施にストップを掛け続けた〝主犯〟が、なによりも官僚の抵抗であったことは、橋本龍太郎首相が率いる行政改革会議が九七年九月に発表した「郵貯の民営化準備・簡保の民営化」の中間報告が、郵政官僚の反発から覆されたことを思い出せば容易に想像がつこう。中間報告後、郵政省幹部は自民党の族議員を巻き込んで連日、議員会館に国会議員を直接訪れるなどして圧力をかけている。

構造改革を妨げる一大要因となった官僚の抵抗は、しかし、どこからどのように来るのだろうか。答えの一つは、官僚制に共通する一般的な抵抗である。官僚機構の属性ともいえる体制(秩序)の維持指向が、本質的に体制の大胆な改革と相容れず、改革に抵抗することが挙げられよう。官僚主導国家では改革するにしてもスピードがのろく、内容も前例主義にとらわれて薄く、陳腐になりがちだ。

二つめの答えは、既得権に絡む抵抗である。官僚が自らの権限で利権を手に入れられるばかりか、それを増殖できる「ツール」をもっていて、構造改革でこれを失う恐れがある場合、生活がかかるだけに激しい抵抗は必至だ。郵政官僚からすれば、先の郵貯と簡保の事業がそれに相当する。

そして、官庁全体、官僚の全体からすれば、特殊法人、認可法人、公益法人などがこの特権をもたらすツールに該当する。それらは是が非でも防衛されなければならない。なかでもつくりやすさ、既に設立された法人数の多さ、隠れミノにしやすい事業の不透明性、監視機能の弱さにおいて、官にとって公益法人が最も使いやすく、天下りしやすい法人であることは間違いない。KSD事件はこのような土壌から生まれたものだ。これが主務官庁の裁量ひとつで設立できるために、いまでは七七法人ある特殊法人の三三〇倍以上もつくられたのである。

こうした官側の既得権がどっしりと社会に根を下ろしているために、日本の改革が進まないのである。

本書で取り上げた公益法人は、全体の数からみれば、ごく一部にすぎないが、この約四〇例からだけでも、ニッポン官僚国家の特異な構造を垣間見ることができよう。

それは中央省庁―特殊法人・認可法人―公益法人―傘下の子会社・関連会社へと連なる、他国には決してみられない「官業の多重構造」であり、この構造のポケットに「官」の巨大な既得権が隠されているのである。

特権をもたらす「官の聖域」は、事実上の「見えない大きな政府」を形成して、巨額の補助金を要求し、規制行政を生み出し、業務の独占とコスト増を引き起こす。――これに対する国民の負担は計り知れないが、情報が閉ざされているために国民はこのことを知らされていないのである。

もはや英国病を克服するため英国のマーガレット・サッチャーが八〇年代に断行したような抜本的な改革を実施するしか、この国の状況の突破口は見出せないのではないだろうか。政治が混迷したまま、なおも問題の先送りを続ければ、この国の民間活力はますますそがれ、生気を失って窒息死を迎えることだろう。

わたしがニューヨークに滞在した八〇年代の初め、ロナルド・レーガン米大統領はレーガノミクスをひっさげて打ちひしがれた米国経済の再建を図った。その後、米国の経済と軍事力は再建され、ソ連の崩壊をもたらして冷戦を終結させることになるが、いま日本が学ばなければならないのは、サッチャーリズムとレーガノミクスが発揮したダイナミックな変革力であろう。

双方に共通するのは、民間の活力を引き出すための「小さな政府」の理念である。当時、理念の力が、現実の問題に対する対応策とうまく組み合わされたのである。

「小さな政府」実現のためには、大幅な減税と徹底した規制撤廃、政府支出の大幅削減が欠かせない。これによって企業活動と市民の生活に活力と希望を吹き込まなければならない。

この変革運動の中心に据えられるべきは、「小さな政府」の実現に向けた行財政改革であろう（米国の思想家で『ウォールデン（森の生活）』の作者、ヘンリー・デーヴィド・ソローの「最小の政府こそ最良の政府だ」という考えに、わたしはかねがね共鳴している）。とりわけ官僚支配の日本では、この「小さな政府」に向けた具体的な取り組みが、いま最大級の緊急性と重要性を持つ、と思われるのである。そして、それには補助金などとなる税金の流れと使途の情報公開が不可欠だが、他方で国民の側も、ソロー流の自然を愛する簡潔な生活を求めていかなければなるまい。

本書は、永年の友人や政・官・業の多くの関係者の協力から生まれた。当事者である公益法人や監督官庁の幹部が匿名を条件に実態を語ってくれたり、マル秘の重要資料を提供してくれたケースもあった。米ワシントン州シアトルに在住の教育経済学者、若林茂氏とワシントン大学助教授、スティーヴン・コリンズ氏からは米国のフィランソロピーとチャリティ活動の起源について貴重な資料を得た。

なかでも、次の三人の友人の協力が働かなければ、本書がこのように日の目を見ることはなかったに違いない。心からの感謝を捧げたい。

会員誌「月刊ベルダ」編集長の新谷修二氏は、既に五〇回を超えるわたしの長期連載「官の聖域」の企画を異例にもわたしにすべて一任し、助言と励ましのほかは口を一切挟まなかった。一回の原稿量は四〇〇字詰めで一四枚と紙幅をたっぷり与えてくれたため、それぞれを取材メモに沿ってかなり自由に、詳細に書き上げることができた。このような「報道の自由」は、簡単に得られるものでない。この中でテーマに公益法人を取り上げ、好評のうちに連載を続けたことが、本書の刊行につながるきっかけとなった。

朝日新聞社の『ASAHIパソコン』初代編集長で現在、同社総合研究センター主任研究員の矢野直明氏は、三〇余年来、切磋琢磨してきた友人だが、ベルダ連載の「公益法人」の企画記事を高く評価して、進んで『インターネット術語集』の自著を出版してまもない岩波書店に紹介する労をとってくれた。

「朝日新聞」の編集委員で著名な国際ジャーナリストの船橋洋一氏は、三〇年も前に水俣病事件を通じて知り合った記者仲間だが、自らも『同盟漂流』などを刊行した岩波書店に対し、わたしを力強く推薦してくれた。

最後に、出版の機会を与えてくれた岩波書店新書編集部の山本慎一氏にお礼を述べたい。政府がKSD事件で公益法人改革を考えざるをえなくなった時期に、タイミングよく上梓できたのは、山本氏の出版計画と確実なフォローのおかげである。

本書が、公益法人をはじめ特殊法人、認可法人などの「見えない政府」問題を取り巻く薄闇に光を投げ、改革の手掛かりになることを切に願う。

二〇〇一年三月、和らいだ春の日曜日

著　者

北沢 栄

1942年12月東京生まれ.
慶応義塾大学経済学部卒. 共同通信経済記者, ニューヨーク特派員などを経る. バブル経済崩壊後は金融・行政改革問題を中心に調査研究・執筆活動に従事. 98年にジャーナリスト仲間とオンラインジャーナルのホームページ「殴り込む」(http://www.the-naguri.com)を開設し,「さらばニッポン官僚社会」を連載中. ジャーナリスト, 著作家.
(e メール:kitazawa@s.email.ne.jp)
著訳書に『再生か荒廃か グローバル・スタンダードの21世紀』(全日法規),『銀行小説 バベルの階段』(総合法令出版),『金融小説 ダンテスからの伝言』(全日法規), ゲリー・ウィルズ『リンカーンの三分間』(訳, 共同通信社) など.

公益法人　　岩波新書(新赤版)726

2001年4月20日　第1刷発行
2001年5月10日　第3刷発行

著　者　北沢《きたざわ》 栄《さかえ》

発行者　大塚信一

発行所　株式会社 岩波書店
〒101-8002 東京都千代田区一ツ橋 2-5-5

電　話　案内 03-5210-4000　営業部 03-5210-4111
新書編集部 03-5210-4054
http://www.iwanami.co.jp/

印刷・理想社　カバー・半七印刷　製本・中永製本

ISBN 4-00-430726-0　　Printed in Japan

岩波新書創刊五十年、新版の発足に際して

岩波新書は、一九三八年一一月に創刊された。その前年、日本軍部は日中戦争の全面化を強行し、国際社会の指弾を招いた。しかし、アジアに覇を求めた日本は、言論思想の統制をきびしくし、世界大戦への道を歩み始めていた。出版を通して学術と社会に貢献・尽力することを終始希いつづけた岩波書店創業者は、この時流に抗して、岩波新書を創刊した。

創刊の辞は、道義の精神に則らない日本の行動を深憂し、権勢に媚び偏狭に傾く風潮と他を排撃する驕慢な思想を戒め、批判的精神と良心的行動に拠る文化日本の躍進を求めての出発であると謳っている。このような創刊の意は、戦時下においても時勢に迎合しない豊かな文化的教養の書を刊行し続けることによって、多数の読者に迎えられた。戦争は惨澹たる内外の犠牲を伴って終わり、戦時下に一時休刊の止むなきにいたった岩波新書も、一九四九年、装を赤版から青版に転じて、刊行を開始した。新しい社会を形成する気運の中で、自立的精神の糧を提供することを願っての再出発であった。赤版は一〇一点、青版は一千点の刊行を数えた。

一九七七年、岩波新書は、青版から黄版へ再び装を改めた。右の成果の上に、より一層の課題をこの叢書に課し、閉塞を排し、時代の精神を拓こうとする人々の要請に応えたいとする新たな意欲によるものであった。即ち、時代の様相は戦争直後とは全く一変し、国際的にも国内的にも大きな発展を遂げながらも、同時に混迷の度を深めて転換の時代を迎えたことを伝え、科学技術の発展と価値観の多元化は文明の意味が根本的に問い直される状況にあることを示していた。

その根源的な問は、今日に及んで、いっそう深刻である。圧倒的な人々の希いと真摯な努力にもかかわらず、地球社会は核時代の恐怖から解放されず、各地に戦火は止まず、飢えと貧窮は放置され、差別は克服されず人権侵害はつづけられている。科学技術の発展は新しい大きな可能性を生み、一方では、人間の良心の動揺につながろうとする側面を持っている。溢れる情報によって、かえって人々の現実認識は混乱に陥り、ユートピアを喪いはじめている。わが国にあっては、いまなおアジア民衆の信を得ないばかりか、近年にいたって再び独善偏狭に傾く惧れのあることを否定できない。

豊かにして勁い人間性に基づく文化の創出こそは、岩波新書が、その歩んできた同時代の現実にあって一貫して希い、目標としてきたところである。今日、その希いは最も切実である。岩波新書が創刊五十年・刊行点数一千五百点という画期を迎えて、三たび装を改めたのは、この切実な希いと、新世紀につながる時代に対応したいとするわれわれの自覚とによるものである。未来をになう若い世代の人々、現代社会に生きる男性・女性の読者、また創刊五十年の歴史を共に歩んできた経験豊かな年齢層の人々に、この叢書が一層の広がりをもって迎えられることを願って、初心に復し、飛躍を求めたいと思う。読者の皆様の御支持をねがってやまない。

（一九八八年一月）